KB021010

수다의 인문학

박홍순 지음

수다의 인문학

박홍순 지음

아주 자소한 이야기 속 자유들

숨쉬는
책공장

'모래알'이라는 단어를 들으면 대부분 흔하고 사소한 무언가를 떠올린다. 셀 수 없이 많이 널려 있거나 너무 작아서 보잘것없는 상태를 가리킬 때 사용되기 때문일 것이다. 대중가요에 등장할 때도 별반 다르지 않다. "바닷가의 모래알처럼 수많은 사람", "부서져버린 모래알처럼" 등과 같이 그다지 중요하지 않거나 손가락 사이로 빠져나가는 덧없음을 비유할 때 쓰인다. 모래알에 대한 다소 부정적인 이러한 정서가 한국만의 고유한 것은 아니다. 서구적 사고방식의 바탕을 이루는 기독교에서도 모래는 비슷하게 등장한다. '반석 위에 지은 집'과 '모래 위에 지은 집' 등이 대표적이다. 예수의 말을 따르면 반석 위에 집을 지은 사람이, 그 말에서 벗어나면 모래 위에 집을 지은 사람이 된다. 반석이 무너지지 않는 믿음과 풍부한 지혜를 상징한다면, 모래

수다의 인문학

는 금방 무너져버리는 불신과 어리석음을 상징한다.

　모래알이 해변의 풍경과 어우러질 때면 조금은 그 존재감이 드러난다. 한국인이 많이 좋아하는 인상주의 화가 클로드 모네^{Claude Monet}의 <생트 아드레스 해변>에 담긴 넓게 펼쳐진 모래사장은 아련한 추억을 부른다. 해안가 절벽이나 바다 위로 고개를 내민 바위는 그 자체로 주목받기 마련이다. 언덕 위 마을은 가슴 설레는 감흥을 불러일으킨다. 푸른 바다 위를 유유히 떠다니는 보트 역시 낭만을 자아낸다. 모래사장에 앉아 바다를 응시하는 한 쌍의 연인도 짙은 사연을 담고 있으리라는 기대를 품게 만든다. 하지만 이때도 광활한 모래사장이 눈길을 끌 뿐, 한 알이나 한 줌의 모래는 관심 대상조차 되지 못한

클로드 모네, <생트 아드레스 해변>, 1867.

다. 거추장스럽고 불편한 이물질로 느끼기 십상이다. 모래사장을 걷다가 알갱이 몇 개라도 신발에 들어오면 서걱거리는 느낌이 불편해서 수시로 털어내기 마련이다.

그런데 나는 지금 왜 하찮은 취급을 받는 모래알에 관해 이야기하는가? 차라리 손에 두툼하게 쥐어지는 꽤 단단한 자갈에 대해서라면 모를까. 고작 1밀리미터도 채 되지 않는 아주 작은 광물 조각이 무슨 그럴듯한 의미를 지닌다고 말이다.

인문학에 관한 책을 쓰기 위해 준비하면서 어떤 내용으로 어떻게 채울지 고민했다. 일단 '큰' 이야기라면 그동안 나 역시 꽤 많은 책을 집필하고 출판하면서 다뤄왔고 서점에도 즐비하니 별로 구미가 당기지 않는다. 그렇다고 큰 이야기가 의미 없다는 말은 전혀 아니다. 반대로 아주 중요하고, 제대로 방향이 잡힌 큰 이야기가 더 많이 필요하다. 다만 그만큼 '작은' 이야기도 중요하다는 말을 하고 싶다. 우리 일상은 지극히 사소한 사건의 집합으로 이루어져 있다. 큰 것은 본연의 모습으로 우리에게 나타나기보다는 주로 작은 것을 통해 스며든다. 본래 작은 것과 큰 것 사이의 경계는 분명치 않은 법이다. 그런 점에서 영국 시인 윌리엄 블레이크^{William Blake}가 남긴 "한 알갱이의 모래 속에서 세계를 보며, 한 송이 들꽃 속에서 우주를 본다"라는 문장은 단순히 문학적 수사가 아님을 강조해보고 싶다. 사실 모래가 만들어지는 과정은 간단치 않다. 처음부터 왜소한 돌 조각이었던 게 아니다. 해안의 큰 돌에 파도가 쳐서 오랜 기간 부서지고 갈려 작은 모래알이 만들어진 것임을 우리는 모두 안다.

한 알의 모래 속에 세계가 있다. 모래를 있게 한 원리가 곧 세계를 만들어낸 원리이기도 하다. 비슷한 의미에서 정지한 듯 보이는 일상의 짧은 시간에는 견고한 사회구조를 만든 오랜 역사가 녹아 있다. 일상에서 접하는 작은 이야기는 그 자체로 절실한 삶을 담고 있을 뿐만 아니라, 더 나아가 인간과 사회를 만나는 중요한 통로이기도 하다.

현실에서 작은 이야기는 주로 '잡담'으로 불린다. 우리는 친구들과 식사하거나 차를 마시는 동안 자잘한 이야기, 사소한 불만 등을 접한다. 열띠게 말하다가도 그 자리가 끝나면 일상의 수다로 치부하고 금방 잊는다. 이 책은 그렇게 끝나고 잊히는 수다에서 출발한다. 먹고 사는 생활을 소재로 한 흔한 수다, 문화적으로 흥미로운 현상을 둘러싼 수다, 술자리 안주처럼 다루어지는 정치 관련 수다 말이다. 대신 잡담에 머물지 않고 그 이면의 역사적인 맥락이나 사회구조로 이야기의 지평을 확장해보려고 한다. 나아가 철학적으로 깊어진 인식까지 나아갈 가능성을 탐색한다.

어쩌면 앞서 한 이야기는 나 자신을 위한 변명이자 마음속의 주술일 수도 있겠다. 한가하게 사소한 잡담이나 늘어놓느냐는 비난에 미리 쳐놓는 방어막인 동시에 자신에게 인식 지평을 확장하는 동기를 불어넣어 보겠다는 압박이니 말이다.

2022년 11월

박홍순

차례

3부 술자리의 정치 수다

일상의 흔한 수다

먹방 전성시대

고소한 맛에 겉은 쫄깃하고 안은 부드러운 곱창의 식감을 떠올리며 평소에 봐뒀던 식당에 찾아간 적이 있다. 식당에는 손님이 가득하고 문 앞에도 대기자들이 길게 줄을 서 있었다. 특별히 맛집으로 소문난 곳도 아니어서 의외였다. 근처 다른 식당에 가봤지만 사정은 마찬가지였다. 결국 그날은 허망하게 입맛만 다시고 돌아섰다. 며칠 지나서야 어떤 연유인지 알았다. 텔레비전 프로그램에서 한 여성 가수가 곱창구이를 먹는 장면이 나온 후에 그 난리가 났던 것이었다. 일종의 '먹방'이었는데 그것이 수많은 사람이 한동안 곱창구이를 찾도록 만든 게다. 전국 곱창 식당에서 연일 손님이 넘쳐났고, 일주일이 넘게

수다의 인문학

재료가 동날 지경이었다니 참으로 대단한 영향력이라 할 수 있다.

먹방은 말 그대로 '먹는 방송'을 말한다. 한국에서는 십여 년 전부터 이 먹방이 대유행이다. 전국의 소문난 맛집을 찾아다니며 시청자들의 미각을 한껏 자극한다. 이름을 날리는 전문 요리사들이 출연하는 일도 빈번하다. 연예인들이 팔을 걷어붙이고 조리대 앞에 나서서 요리사 역할을 하기도 한다. 공식적으로 먹방을 표방하지 않지만 먹는 모습이 중요하게 다뤄지는 프로그램도 많다. 가령 여행 프로그램에도 식당을 찾아가는 장면이나 해당 지역의 식재료로 조리해서 먹는 장면이 줄을 잇는다. 먹방은 유튜브에서도 인기다. 수십만 명의 구독자를 자랑하는 채널이 적지 않다. 먹방 스타들이 놀랄 정도로 양이 많고 자극적인 음식을 먹는 장면을 보여주며 막대한 수입을 올린다. 해외에서는 한국의 이러한 채널을 K팝과 함께 대표적인 한류 콘텐츠로 여기기도 한다. 고유명사화해 'Mukbang'이라고 표기하며 한국의 먹방 유튜브를 모방해 서비스하는 모습도 보인다.

한국에서 현재 먹방은 국민적인 문화 현상이라고 할 수 있다. 방송에 국한되지 않고 개개인의 일상에 깊이 스며들어 있다. 삶의 중요한 절차이자 의식으로 자리하기도 한다. 수많은 사람이 스스로 일종의 먹방을 하는 것이 그 사례다. 인스타그램, 페이스북 등을 비롯한 온갖 소셜네트워크서비스SNS에는 그날 먹은 음식을 실시간으로 올린 콘텐츠로 가득하다. 대부분 최근에 방문했던 인상적인 식당의 음식과 실내장식에 관한 후기로 채워져 있다. 뿐만 아니라 적극적으로 먹방문화를 즐기는 사람도 늘어났다. 서로 모르던 사람들이 온라인을 매개로 동호회를 만들어 맛집 기행을 다닌다. 와인이나 수제 맥주 등 특정 음료 애호가들이 새롭게 발견한 식당에 모여 맛을 즐긴다. 커피 역시 향과 맛을 즐기는 사람들이 늘어나면서 지금은 먹방문화 대열에서 빠질 수 없다. 전국 어디든 브랜드 커피숍을 만나지 못하는 곳이 없다. 대도시의 경우 한 블록에 예닐곱 개의 커피숍이 들어선 곳이 즐비하다. 몇 년 전까지만 해도 조각 케이크를 곁들이는 카페가 흔했다면 이제는 그곳이 '베이커리 카페'로 진화하는 중이다. 교외에 널찍하게 자리한 베이커리 카페가 이제 전국 곳곳으로 확장되고 있다. 그곳에는 수십 종에 이르는 빵과 커피가 기다린다.

각 가정에서도 자체 먹방이 이어진다. 배달로 시켜 먹지 못할 음식이 거의 없다시피 하다. 외식 산업이 폭발적으로 성장한 것이다. 한편으로 경기 불황으로 장사하기 어렵다는 아우성이 터져 나오지만, 다른 한편으로 주요 상업지역에 식당과 카페는 날이 갈수록 늘어나는 중이다. 특히 한국은 하루 배송, 새벽 배송처럼 배달 산업이 가장 발달한 나라이니 온라인을 통한 주문량도 폭증 추세다.

당연히 주요 부식 재료의 소비도 놀랄 만큼 증가한다. 치킨과 맥주를 합쳐서 부르는 '치맥'이라는 말이 고유명사처럼 쓰일 정도로 한국인의 치킨 사랑은 유명하다. 수십 가지에 이르는 다양한 종류의 치킨이 텔레비전과 온라인을 비롯한 온갖 매체에서 매일 우리를 유혹한다. 한국육계협회에 따르면 현재 한국에서 한 해에 도축되는 닭이 약 10억 마리에 이른다고 한다. 하루에 200만 마리 이상의 닭이 도축되는 셈이다. 20년 전에 연간 닭 도축량이 약 3억 마리였으니 얼마나 빠르게 증가한 것인지 실감이 난다. 닭고기를 일주일에 한 번 이상 소비하는 가구가 전체의 약 70%다. 돼지고기와 소고기도 우리의 입맛을 돋운다. 삼겹살은 불고기와 더불어 여전히 한국 음식을 대표하는 몇 가지 중 하나다. 당연히 우리 먹방문화에서 빠질 수 없는 메뉴다. 통계청이 발표한 우리나라의 1인당 육류 소비량을 보면, 1980년과 비교했을 때 현재 닭고기는 약 6배, 돼지고기와 소고기는 약 5배 늘어났다.

과시적 먹방문화와 로마의 만찬

먹방문화가 유행하는 현상을 자연스럽게 여기는 견해가 있다. 식욕이 인간의 원초적인 본능이므로 먹을거리에 끌리는 게 당연하다는 생각에서 비롯된 것일 테다. 게다가 복잡하고 고단한 세상살이에서 잠시나마 벗어나기 위한 자기만족의 행위이니 문제될 게 없다는 논리다. 그렇다면 먹방 신드롬은 비판적으로 볼 필요가 없을까?

먹방문화를 조금 비틀어서 살펴보자. 먹방문화가 필요한 식사를 넘어 과도하게 나타나는 식탐, 과시적인 경향, 개인의 취향에 머물지 않는 사회적인 현상이라 전제하고 그림을 떠올려 보면 <만찬>이 가장 먼저 생각난다. <만찬>은 고대 로마시대의 모자이크 회화 작품으로 왕성한 식욕이 전면에 드러나 있다. 그림 속 인물들은 반달 모양의 식탁에 올라 옆으로 비스듬히 누운 자세로 먹고 마신다. 노예들은 비어 있는 식탁에 새로운 음식을 나르고, 와인을 계속 따른다. 바닥에는

로마시대의 모자이크, <만찬>, 3세기.

먹고 버린 뼈다귀들이 가득해서 식탁에 여러 차례 새로운 음식이 올랐음을 보여준다. 소·돼지·오리 등 육식류뿐 아니라 생선·조개 등 산해진미가 지나간 듯하다. 커튼으로 가려진 오른쪽 뒤편의 방은 보미토리움ᵛᵒᵐⁱᵗᵒʳⁱᵘᵐ으로 보인다. 음식과 술을 먹다가 속이 거북할 때 게워내는 곳으로 쓰이던 공간이다.

　　로마에서는 몇 단계로 나누어 긴 식사를 즐겼다. 삶은 달걀에서 시작해 굴·문어·채소를 곁들인 요리, 식용 달팽이를 양파·버섯과 함께 조리한 음식, 그다음으로 게·새우·가재로 만든 경단이 나왔다. 본 음식은 이제 시작이다. 주요리는 대개 굽고 찌거나 튀긴 요리였다. 광어·숭어·철갑상어 등의 생선이 식탁을 채우고, 다음으로는 멧돼지나 어린 양·염소를 통째로 구워 내놓았다. 마지막으로 사과를 비롯한 과일로 식사를 마무리했다. 영국 역사가 에드워드 기번^{Edward Gibbon}은《로마제국 쇠망사》에서 로마의 만찬을 다음과 같이 소개하기도 했다.

"로마인의 식탁에는 어마어마한 크기의 새고기와 다람쥐고기, 생선들이 차려지는데 손님들은 그런 것들을 진기한 듯이 감탄하며 바라본다. 이윽고 천칭이 나오고, 물건 하나의 무게가 정확하게 측량된다. 양식 있는 자에게 이렇게 끝없이 되풀이되는 광경만큼 견디기 힘든 것은 없다. 그러나 주최자는 진지함 그 자체, 이 진기한 구경거리의 진실을 믿을 수 있도록 기록으로 남기기 위해 공증인까지 부르는 것이다."

네로 황제 시대에 활동했던 로마의 문장가 페트로니우스^{Petronius}가 남긴 소설《사티리콘》에는 더 생생한 장면이 담겨 있다. 트리말키오라는 부자가 공짜 연회를 베푼다는 소식을 들은 주인공이 그곳에 참석한다. 만찬이 시작되자 먼저 식사 전에 식욕을 돋우기 위한 전채 요리가 나온다. 꿀과 양귀비 씨앗을 끼얹은 다람쥐고기, 김이 모락모락 나는 소시지, 자두와 석류 씨앗 등이다. 이후 큰 쟁반에 병아리콩·무화과·도미·숭어·가재·거위 요리 등이 올려져 들어온다. 이어서 주요리가 손님들을 반긴다. 대형 접시의 뚜껑을 들어올리자 살이 통통하게 오른 가금류·암퇘지·산토끼 요리가 있다. 별도의 쟁반에는 큰 멧돼지가 놓여 있다. 고기와 함께 즐길 수 있도록 시리아산과 테바이산 대추야자 열매도 함께 놓았다. 건포도와 견과류로 속을 채운 빵과 거위알 몇 개는 손님들 각각에게 돌아갔다.

다른 집 만찬에 참여하느라 뒤늦게 도착한 손님이 들어서자, 어떤 이가 앞선 집에서는 무슨 음식이 나왔느냐고 묻는다. "맨 처음에는 소시지를 얹은 돼지가, 이어 순대와 아주 근사하게 치장한 내장 요리가 나왔네. 물론 사탕무와 통밀빵도 나왔고. 다음으로 차가운 타르트와 일등급 히스파니아산 포도주에 뜨거운 꿀을 탄 음료수가 나왔지. 병아리콩, 루핀, 여러 종류의 견과류, 사과도 나왔다네. (중략) 입가심으로 신선한 포도주에 적신 치즈, 달팽이, 내장, 빵으로 만든 두건에 싼 달걀, 순무, 겨자, 다랑어가 나왔지. 그리고 식초에 절인 커민 씨도 있었네. 햄은 손대지 않고 그대로 돌려보냈네."

로마의 만찬과 한국의 먹방문화는 성격이 다르다. 로마의 만찬은 황제와 귀족 등 부유층만의 전유물이었다. 부유한 귀족이 풍성한 음식과 술로 파티를 열었던 것이다. 황제에서 귀족에 이르기까지 손님을 초대하여 진귀한 음식과 술을 내놓고 즐기는 파티였다. 실제로 클라우디우스 황제는 한 번에 손님을 600명씩 초대하는 대대적인 만찬을 즐겼다. 카이사르 황제는 최고 권력에 오른 날을 기념하기 위해 대연회를 개최하고 20만 명에 가까운 손님을 대접했다. 9인석 식탁이 2만 2,000개나 차려졌고, 6,000마리의 칠성장어뿐 아니라 최고 품질의 와인이 식탁마다 제공됐다. 당시 이 만찬 때문에 로마 시내는 식료품 가게가 텅텅 비고 잔치가 끝난 후 식품 가격 인상이 뒤따르는 일까지 벌어졌다. 황제의 규모에는 미치지 못하지만, 귀족도 만찬을 빙자한 파티를 즐겼다. 화려한 저택에 손님을 초대하여 진귀하고 풍성한 음식과 술을 내놓고 즐기는 파티가 열렸다.

반면 로마의 시민들은 거친 곡식으로 매일 끼니를 때우는 경우가 대부분이었다. 빵을 배급받는 경우도 많았다. 시민들은 정해진 시간에 배급표를 들고 지정된 배급소 계단 위에 서서 무상 또는 매우 싼 가격에 한 가족당 3파운드의 빵을 받았다. 성대한 만찬은 권력과 부를 독차지한 소수가 누리는 호사였다. 본능의 자연스러운 결과가 아니라 부와 지위를 드러내기 위한 수단이었다.

하지만 한국의 먹방문화는 부의 정도를 가리지 않고 모든 계층에서 나타나는 현상이다. 가격이 비싸고 희귀한 음식으로 흥청망청하는 소수 부자만의 잔치가 아니다. 물론 쉽게 접하기 어려운 귀한 음식도 가끔 등장하지만 서민도 충분히 즐길 수 있는 음식인 경우가 많다. 휴게소나 길거리 음식도 해당되고, 배달 음식이 식탁을 가득 채우기도 한다. 가히 온 국민적인 현상이라 말해도 지나치지 않다.

나눔으로서의 원주민 먹방문화

그러나 역사 속에는 과시적인 먹방문화뿐 아니라 나눔으로서의 성격을 가진 사례도 적지 않다. 인류학자들이 자주 소개하는 콰키우틀족의 '포틀래치 축제'가 대표적이다. 콰키우틀족은 태평양 연안의 섬에 거주하는 북아메리카 원주민 중 한 종족이다. 포틀래치는 한 부족의 추장이 주변의 다른 부족을 초청해 성대하게 차린 음식과 선물을 나누어주는 행위다.

콰키우틀족의 포틀래치 축제.

행사를 개최한 부족은 짐승의 살코기·마른 생선·생선 기름·딸기 열매 등의 음식과 동물 가죽, 담요를 비롯한 여러 선물을 준비한다. 초대받은 사람들이 포틀래치를 주최한 부락에 도착하면 신성시되는 수달의 가면과 전설 속의 거대한 천둥새의 가면을 쓴 무희들이 춤을 추며 반긴다. 곧이어 초대받은 사람들은 푸짐하게 차린 음식으로 포식한 후 나누어준 선물을 받아 돌아간다. 그리고 다음에는 보답하기 위해 포틀래치를 열어 자신이 받은 음식과 선물보다 더 많은 것을 준비해 전한다.

그동안 많은 인류학자가 포틀래치를 과대망상적인 생활양식으로 규정해왔다. 높은 지위를 열망하는 망상에 사로잡힌 추장들의 행위라는 것이다. 다른 부족에게 존경받고 싶은 욕구나 지위를 얻으려는 충동 때문에 저지르는 낭비의 일종이라는 분석이다. 하지만 미국 인류학자 마빈 해리스^{Marvin Harris}는 《문화의 수수께끼》에서 전혀 다른 주장을 한다.

"콰키우틀족의 경제체제가 지위 경쟁에 이바지했던 것이 아니라 반대로 지위 경쟁이 경제체제에 이바지했다. 지구상의 여러 지역에 흩어져 있는 원시사회도 콰키우틀족의 선물 공세가 지니는 기본요소 중 파괴적인 요소를 제외한 모든 요소를 지니고 있다. 포틀래치의 근본이 되는 핵심 요소를 밝혀보자면 경쟁적 축제라는 것이다. 동시에 지배계급이 아직 완전히 확립되지 않은 부족들에게 부의 생산과 분배를 명확히 실현해주는 거의 보편화된 메커니즘이다."

그에 의하면 포틀래치에는 과시와 경쟁의 성격이 있지만, 그 자체가 목적은 아니다. 포틀래치가 원주민들의 경제·생태적 조건과 긴밀하게 연결되면서 종족 전체의 경제생활을 개선하는 데 기여하기 때문이다. 포틀래치의 가장 큰 특징은 여러 부족을 오가며 일정한 간격을 두고 경쟁적으로 이어진다는 점이다. 한 부족 단위를 넘어 종족 전체로 보면, 포틀래치를 통해 음식과 물자는 이쪽저쪽으로 끊임없이 흘러 들어갔다 나오는 것을 되풀이했을 뿐이다. 각 부족은 서로 다른 환경 속에서 살아간다. 해안지대·늪지대·고산지대 등 삶의 조건에 따라 생활에 필요한 음식과 물자를 확보하는 데 큰 차이가 생긴다. 가장 성대한 포틀래치는 보통 그해에 기후와 지역 조건 등을 고려할 때 가장 생산력이 높았던 부족에서 맡아 개최한다. 이때 생산력이 높은 부락에서 낮은 부락으로 식량과 물자가 분배된다. 경쟁이라는 방식을 통해 오히려 효과적으로 분배가 이루어지는 것이다.

성대하게 차린 음식을 어려움에 닥친 주변 사람들에게 분배한다는 점에서 포틀래치는 나눔으로서의 먹방문화라고 할 만하다. 이는 콰키우틀족만의 독특한 문화는 아니다. 형태와 방식에 차이는 있지만, 원시적 생활방식을 유지하는 원주민 사회에서 흔히 발견된다. 소수의 인물과 집단에 부와 권력이 집중되는 계급분화가 이루어지기 전 공동체 사회의 특징이 반영된 현상이다.

포틀래치와 동일하지는 않지만, 우리 역사 속에서도 일부 유사한 사례를 찾을 수 있다. 한 해의 첫 보름달을 만나는 정월대보름에 먹는 '오곡밥'이 그러하다. 다섯 가지 곡식으로 지은 오곡밥을 아홉 가지 나물과 함께 먹는 오랜 전통이다. 그런데 오곡밥 문화는 단순히 가족끼리 즐기는 데 머물지 않는다. 지금은 거의 사라졌지만, 예전에는 마을 사람들과 나누는 '오곡밥 훔쳐 먹기' 행위가 함께 있었다. 이 추억은 서울에서 태어나 성장한 내게도 남아 있다. 대여섯 명이 무리를 지어 남의 집 오곡밥을 공공연하게 '훔쳐' 먹던 일이 지금도 생생하다. 말이 훔치는 것이지 한밤에 발소리를 죽이며 남의 집 부엌에 들어가면 마음껏 가져가라는 듯 부뚜막 위의 큰 양푼에 오곡밥과 나물이 가득했다. 그렇게 몇몇 집에서 가져온 음식을 모아 여럿이 큰 그릇에 넣어 비벼 먹곤 했다.

《삼국유사》에 따르면 신라 시대에 정월대보름의 오곡밥 풍습이 있었다. 나중에는 다른 성姓을 가진 세 가구 이상의 오곡밥을 먹어야 그해의 운이 좋다는 생각이 퍼졌다. 다른 성을 가진 세 가구는 가족·친척 범위를 넘을 때 가능하다. 새해 정월이면 가을에 걷은 곡식이 거의 바닥을 보인다. 그러니 형편이 상대적으로 넉넉한 가정에서 오곡밥을 충분히 마련했다. 가난한 마을 사람들을 향한, 일종의 나눔으로서의 먹방문화인 셈이다.

'오곡밥 훔쳐 먹기'는 '오곡밥 서리'라고도 불렸는데, '서리'로 치자면 여름부터 가을에 이르기까지 다양한 행위가 있었다. 수박 서리·참외 서리·감자 서리·무 서리 등 대개 과일과 채소가 주요 대상이었다. 오래전부터 '서리'를 '도둑질'과 구분해서 칭한 데는 나름의 이유가 있지 않을까? 국어사전에서 서리는 '떼를 지어 남의 과일·곡식·가축 따위를 훔쳐 먹는 장난'으로 풀이된다. 떼를 지어 도둑질한다고 하면 무시무시한 장면이 떠오르지만 서리는 사전 설명처럼 장난스러운 느낌이 강하다. 가난한 집 아이들이 허기를 달래는 행위를 서리라는 말로 관대하게 용인하던 정서에서 비롯된 게 아닌가 싶다. 결혼·환갑·회갑 등이 있으면 동네잔치를 벌여 이웃들이 배불리 먹을 수 있게 한 풍습과도 연관성이 있다.

현재 한국의 먹방문화는 이러한 나눔의 성격과는 거리가 멀다. 분명 과시와 경쟁 현상이 담겨 있다. 얼마나 멋진 곳에서, 맛있는 식사를 즐기는지 자랑하는 데 중점을 둔다. 포틀래치나 오곡밥 서리가 갖는 분배의 의미는 없다.

한국 먹방문화의 심리적 요인

한국의 먹방문화는 대중매체 속 가상 세계를 보여주는 것이 아니다. 대중매체의 먹방는 실제 생활에서의 먹방문화와 한 쌍을 이룬다. 그렇다면 한국에서는 왜 유난스러울 정도로 먹는 모습을 자주 보게 된 것일까? 식욕이 인간의 자연스러운 본능이라면 대부분의 나라에서 공통으로 나타나야 한다. 개인주의와 산업주의가 팽창한 결과로 해석하기에도 곤란함이 있다. 개인화와 산업화 모두 서구 사회에서 역사가 기니 한국의 먹방문화를 설명하는 근거로 쓰기는 어렵다. 특히 한국의 먹방문화는 세계에서 유례를 찾아보기 어려운 진기한 현상이자 우리의 전통이나 관습과도 무관하다. 그 역사도 불과 이삼십 년에 지나지 않는다는 점에서 그간의 사회변화와 심리상황을 연결해볼 필요가 있다.

그렇다고 먹방문화가 본능과 아주 무관하다고 할 수는 없다. 기본적으로 먹는 행위이니 식욕과 연결된다. 육체적 욕망도 에너지의 일종이라면 에너지 보존의 법칙이 작용하는 것이다. 억압된 것은 아무 일 없었던 듯 사라지지 않는다. 한쪽이 과도하게 눌리면 다른 쪽이 비정상적으로 부풀어 오르는 풍선효과가 생긴다. 흔히 인간의 본능 욕구로 세 가지를 꼽는다. 수면욕·성욕·식욕이다. 그렇다면 먹방문화로 상징되는 비정상적인 과잉은 풍선효과의 결과가 아닐까? 한국인의 수면욕은 늘 결핍 상태다. 대학 입시 때문에 10대 때부터 십여 년에 걸쳐 몸이 요구하는 잠을 충분히 누리지 못한다. 성인이 되어 직장

생활을 해도 마찬가지다. 한국이 장시간 노동에서 경제협력개발기구OECD의 최선두에 있다는 것은 늘 잠이 부족하다는 의미기도 하다.

　　성욕이 맞닥뜨린 사정도 별로 다르지 않다. 연애·결혼·출산을 포기하는 '삼포세대', 'N포세대' 같은 말이 집단의 정체성으로 통한다. 한국은 일본과 함께 섹스리스를 대표하는 나라기도 하다. 성을 부도덕한 무언가로 보는 사고방식도 여전하다. 영화·드라마를 비롯한 예술 영역에서 성적인 표현은 늘 상당히 제한받는다. 성욕은 한국사회에서 아직도 시민권을 얻지 못했다. 한국은 수면욕과 성욕이 억압된 상태에서 허용된 본능이 식욕 하나뿐인 사회라고 해도 과언이 아니다. 먹방문화에는 이렇듯 사회·심리적인 요인이 작용한다. 프로이트는 본능적 욕구가 억압되면 무의식 속에 똬리를 튼다고 했다. 의식의 표면 위로 올라오지 못한 것들이 꿈, 실수 등을 통해 드러난다. 억압이 심해져 출구를 찾지 못할 때는 신경증에 도달한다.

　　한국의 수면욕과 성욕의 억압은 개인의 감수해야 하는 특수한 사정을 넘어 집단적인 수준에 도달했다. 먹방문화가 혹시 사회적인 심리이자 집단적인 신경증의 증상은 아닐까 하는 우려가 자꾸 머리를 맴돈다. 기형적인 한국사회가 만들어낸 비정상적인 현상, 기형적이면서 슬프기도 한 심리적 자화상 말이다.

요즘 애들 말은 도투지 못 알아먹겠어!

어디에서나 흔히 접하는 신조어 현상

친구와 통화하고 있는 10대 중반 정도의 학생과 엘리베이터에 함께
탄 적이 있다. 처음에는 통화 내용을 엿듣는 듯해서 찜찜한 기분이 들
었다. 하지만 몇 마디 접한 후에는 공연한 걱정임을 알았다. 절반 정
도는 무슨 말인지 알아들을 수 없었기 때문이다. 암호 같은 단어에다
의미를 정확히 파악하기 어려운 신조어가 수시로 등장했다. 그날의
경험이 특별한 것은 아니었다. 사람들과 대화하거나 인터넷을 보다
가 신조어 때문에 당황하는 일이 부쩍 늘어나고 있기 때문이다. 쏟아
지는 새로운 단어에 고개를 갸우뚱하는 일도 빈번해진다.

사실 나는 그동안 신조어에 특별히 관심을 두지 않았다. '엘베'가

엘리베이터의 준말이라는 것을 최근에 알았을 정도다. 텔레비전을 비롯해 언론에서 심심찮게 보이길래 처음 검색해봤던 단어가 '현타'였다. '현실 자각 타임'의 준말이었다. 그간 긴가민가했던 신조어들을 더 검색해보니 짐작과 비슷한 의미인 경우도 있었지만 완전히 예상을 빗나간 경우도 많았다. '캐안습'의 '캐'나 '핵인싸'의 '핵'처럼 접두어가 붙은 경우는 예상대로 뒤에 이어지는 단어를 강조하는 의미였다. '갑자기 분위기 싸하다'를 줄인 말인 '갑분싸', '낄 땐 끼고 빠질 땐 빠져라'를 줄인 말인 '낄끼빠빠', '갑자기 툭 하고 튀어나온다'를 줄인 말인 '갑툭튀'는 그 의미를 파악하기가 그리 어렵지 않았다.

하지만 '텅장·열폭·솔까말·즐·샵쥐·본캐·문찐·틀딱' 등은 검색해 보지 않고는 도무지 알 길이 없었다. '텅장'은 '텅 빈 통장'을 줄여서 통장에 돈이 없거나 부족한 상황을 의미한다. '열폭'은 열등감의 폭발, '솔까말'은 솔직히 까놓고 말하는 것이다. '즐'은 꺼져, 닥쳐와 같은 의미이며, '샵쥐'는 시아버지를 빠르게 말하면 비슷한 발음이 나오는 데서 비롯됐고, '본캐'는 게임을 처음 시작했을 때부터 관리한 가장 중요한 캐릭터를 뜻한다. 상대를 비하하는 의미의 부정적인 신조어도 있다. '문찐'은 '문화 찐따'를 줄여 부르는 것으로 유행에 느린 사람을 지칭한다. '틀딱'은 자신의 나이를 빌미 삼아 젊은 사람들을 훈계하거나 공공장소에서 예절을 어기는 노년층을 비하하는 말인데, '틀니를 딱딱거린다'라는 표현에서 생겨났다.

내 기억에 따르면 인터넷이 보급되면서 청소년들 사이에 사용된 축약어가 요즘 유행하는 신조어의 출발이었다. 당시 축약어는 조금은 귀여운 맛이 있었다. 주의를 기울이면 의미를 파악하기도 그리 어렵지 않았다. '반가워요'를 줄인 '방가', '안녕하세요'를 줄인 '안냐세요'가 대표적이다. 여기에 핸드폰으로 문자를 보낼 때 기호를 활용해 만든 이모티콘이 덧붙기도 했다.

그러나 온라인 중심으로 축약된 채팅 언어는 등장할 때부터 사회적으로 논란이 많았다. 당시 지하철 곳곳에서 채팅 언어와 관련한 공익광고를 어렵지 않게 접했다. 너무나 친근한 그림이 담겨 있는 포스터였다. 초등학교 1학년 국어 교과서에서 "선생님 안녕하세요. 철수야 안녕……" 하며 선생님과 초등학생이 인사하는 장면이 나오는 그림 말이다. 그런데 흐뭇한 마음으로 광고를 보다가 곧 얼굴이 굳고 만다. 이 공익광고를 기억에 의존해서 옮겨보면 대충 이런 내용이었다. 학생이 "샘 안냐세요!"라고 하자 선생님이 "철수야 방가!"라며 답하고, 학생은 "(-_-) (_ _)"라고 인사했다. (-_-) (_ _)는 고개를 숙이는 모습을 표시하는 이모티콘이다. 그 아래쪽에는 자세히 기억은 나지 않지만 이런 의미의 광고 문구가 이어졌다. "초등학생 때 이렇게 배웠습니까? 채팅 언어가 아름다운 우리말을 파괴하고 있습니다."

신조어가 우리말을 파괴할까?

최근 신조어는 앞서 언급한 공익광고가 등장했을 당시와 비교할 수 없을 정도로 많다. 새로운 단어가 등장하는 속도도 현기증이 날 정도로 빠르다. 신조어 사용자의 폭도 훨씬 넓다. 국립국어원이 20~69세

세종대왕 동상, 김경승 작품,
1968년, 세종대왕박물관.

의 일반 국민을 대상으로 실시한 언어 의식조사에 따르면 절대다수
가 신조어 사용 경험이 있다. 인터넷 언어의 '자주 사용' 비율이 40%
를 넘고, '보통 사용' 비율을 포함하면 약 80%에 이른다. 20대는 90%
를 훌쩍 넘어서니, 거의 모든 청년이 사용한다고 보면 된다. 신조어를
쓰는 이유에 대해서는 타인과의 대화에서 재미를 느끼기 때문이라는
답변이 가장 많다. 대화 과정에서 상대와 쉽게 공감할 수 있는 언어라
는 이유도 적지 않다. 특정 계층과 공동체 구성원 사이에서 공감하는
말을 사용해 친밀함을 쌓고 동질감을 느끼겠다는 것이다. 주변에서
많이 쓰기 때문에 무심코 따라 하게 된다는 소극적인 이유도 있다.

　　그런데 의외로 신조어 사용에 대해서는 부정적인 의견이 많다.

각종 설문조사에서 긍정보다 부정에 해당하는 답변이 거의 두 배에 이른다. 물론 연령에 따른 차이는 있다. 긍정적인 견해는 20대는 절반 정도, 30~50대는 약 30%, 60대는 20% 언저리로 뚝 떨어진다. 부정적인 견해는 가장 대표적으로 한글을 파괴한다는 근거를 든다. 표준어의 문법을 교란해 아름다운 우리말을 해친다는 것이다. 세종이 1443년에 '백성을 가르치는 바른 소리'라는 뜻의 훈민정음訓民正音을 세상에 내놓은 이후 한글은 우리말을 표현하는 기준이 되었다. 훈민정음 해례본은 유네스코 세계기록유산으로 지정되었을 정도로 세계적으로 그 우수성을 인정받고 있다.

　그러니 말의 축약, 초성 사용, 한글과 외국어 조합 등의 방식으로 신조어가 우리말에 혼란을 불러일으킨다는 비판이 나오는 것도 당연지사다. 특히 지금같이 신조어가 인터넷 공간을 넘어 방송사 프로그램을 통해 시청자에게 그대로 전파되고, 일상에서 수시로 사용하면서 혼란의 정도도 심각하다는 지적이다. 바른 철자법을 익히기도 전에 신조어부터 익힌 어린이들이 우리말과 글을 온전히 배우지 못할까 봐 우려하기도 한다.

　세대 차의 심화도 신조어에 대한 부정적인 견해의 주요 근거다. 10~20대는 신조어를 일종의 언어유희로 여기며 적극적으로 사용하는 경향이 있다. 기성세대는 아무래도 새로운 문화 현상에 보수적인 태도를 보인다. 설사 어느 정도 관심이 있더라도 최근 크게 늘어나는 신조어들을 따라가기는 버겁다. 그러니 기성세대 입장에서는 신조어를 잘 모르는 자신을 소통에서 소외시킨다는 점에서 언어유희보다는 언어폭력에 가깝다는 비판을 한다.

　　인터넷과 스마트폰을 중심으로 한 새로운 문화의 표현으로 자연스럽게 받아들여야 한다는 의견도 있다. 정보화 사회가 발전하면서 인간에게는 새로운 공간이 생겼다. 인류의 전체 역사를 지배하던 직접적인 대면 접촉에 더해 온라인을 통한 간접 접촉 공간이 활짝 열린 것이다. 스마트폰이 보급된 후에는 온라인이 타인과의 대화가 가장 빈번하게 이루어지는 공간으로 자리 잡았다. 특히 스마트폰을 매개로 한 SNS는 우리의 일상 깊숙이 스며들었다. 사람들 간에는 통화보다 카톡이나 텔레그램을 통한 의사소통이 더 큰 비중을 차지한다. 심지어 전화를 했는데 카톡으로 용건을 달라는 메시지를 받는 경우도 있다. 게다가 이제 사람들은 일대일 관계를 넘어 SNS처럼 많은 사람이 항상 연결된 공간에 발을 들여놓는다. 단순히 오프라인에서 알고 지낸 지인과 온라인으로 관계를 이어가는 방식이 아니다. 전혀 모르는 사람들이 온갖 고리를 통해 연결된다. 개인의 은밀한 생각과 생활 일부가 SNS에 공개되고, 그 속에서 연결된 사람들에게 그 내용이 공유된다. 소식을 접한 사람들은 이모티콘을 이용해 공감 여부나 정도를 표시하고, 더 적극적인 의견 개진을 원할 때면 댓글을 단다. 상황이 이러하니 어디 한 군데 연결되어 있지 않으면 관계와 사회의 바깥으로 밀려난 소외감을 느낄 수밖에 없다.

　　SNS를 통한 소통이 대면 접촉만큼, 혹은 그 이상 중요해지면서 글과 말의 경계가 사라졌다고 해도 과언이 아니다. 과거에 말로 표현하던 내용을 이제는 글이 대신한다. 글이 말의 기능을 수행하려면 속도가 중요하다. 가장 좋은 방법은 글을 압축하거나 긴 내용을 대체하는 짧은 기호를 사용하는 것이다. 그런 점에서 인터넷 언어를 포함한 대부분의 신조어는 글을 말처럼 빨리 쓰고 싶은 욕망의 표현이기도 하다. 신조어를 사용하면 효율적인 의사소통이 가능하기 때문이다. 길고 복잡한 설명 없이, 짧은 글로도 의도한 내용을 전달할 수 있다.

이는 한국사회만의 현상이 아니다. 영어권에서도 인터넷과 스마트폰이 대중적으로 보급되던 초기부터 말을 축약한 신조어가 널리 퍼졌다. 'You are…'를 'ur…'로, 'before'를 'b4'로, 'thanks'를 'thx'로 줄여 쓰는 등 우리와 비슷한 현상이 나타났다. 놀랄 때 쓰는 'oh! my god'은 'OMG'로 줄여 썼다. 우리로 치면 '웃기고 있네'에 해당하는 'laughing out loud'의 축약어는 'LOL'이다. '참고해'라는 의미를 갖는 'for your information'을 온라인에서는 'FYI'로 쓴다. 심지어 《옥스퍼드 영어사전》은 SNS를 비롯하여 온라인에서 자주 사용되는 축약 신조어를 정기적으로 싣고 있다. 영어뿐 아니라 어느 언어권에서나 온라인에서 축약어가 널리 쓰인다.

신조어가 청소년과 청년의 독특한 감각을 표현하는 문화라는 반론도 상당한 비중을 차지한다. 과거에 없던 새롭고 재미난 표현이 젊은 세대의 취향을 저격하면서 언어는 생명력을 가질 뿐 아니라 연장된다. 또한 사용자 입장에서는 스스로 언어를 만들어내고 유포시킨다는 만족감도 생긴다. 나아가 비슷한 연령대끼리 자기만의 언어를 사용하며 계층적 유대감이 강화되는 효과도 있다. 언어를 놀이의 하나로 즐기는 것이다.

문자는 세계의 산문이기를 멈추었다

문제는 충분히 여러 논의가 가능한 사안을 두고 표준어의 권위를 잣대 삼아 언어파괴로 단정하는 게 타당하냐는 것이다. 본래 언어는 시대가 변화하면서 새로운 것이 등장하는 속성을 갖는다. 이는 변화에 민감한 청소년과 청년 세대에게서 먼저 나타날 수밖에 없다. 처음 신조어를 들으면 낯설고 거북한 게 당연하다. 하지만 다양한 신조어 가운데 일시적인 유행을 넘어 지속성과 사용 범위에서 인정받은 경우 보편적인 언어로 자리 잡기 마련이다. 오늘날 우리가 누리는 언어의 풍부함이 그 결과이기도 하다. 그러니 왜 모든 언어를 표준어를 유일한 기준 삼아 옳고 그름의 가치판단 대상으로 봐야 하는가라는 질문이 생기는 게 당연하다.

근대 유럽의 경우에는 표준어라는 권위가 생기기 전에 언어가 사회적 가치를 결정하는 핵심 역할을 하기도 했다. 일찍이 그리스 철학자 아리스토텔레스[Aristotles]는 언어에 의해 인간은 국가까지 만들 수 있었다고 보았다. 그의 저서 《정치학》의 일부분이다.

"인간의 언어는 좋은 것과 나쁜 것, 그러므로 의로운 것과 의롭지 않은 것을 구분할 수 있게 한다. 인간과 동물 간의 진정한 차이는 인간만이 선과 악, 정의와 불의 등을 지각할 수 있다는 점이다. 인간은 이런 문제에 대해 공동의 인식을 소유함으로써 가정과 국가를 구성할 수 있다."

인간만이 유일하게 언어능력을 가지고 있다고 한다. 동물도 인간과 마찬가지로 집단을 형성하며 살아가는 경우가 많지만, 인간은 자연발생적으로 생긴 단순한 집단을 꾸리는 것을 넘어 언어를 통해 인위적인 사회 조직을 형성하는 '정치적 동물'이다. 한 사회의 규칙이나 도덕률을 형성해야 사회조직을 만들 수 있는데, 이는 근본적으로 언어에 의해 가능하다는 얘기다.

아리스토텔레스가 활동했던 시기의 고대 그리스는 '도시국가'였다. 그리스 전체를 대표할 만큼 가장 번성했던 아테네의 인구가 약 25만 명 정도였으니 현재의 국가 규모와 상당한 차이가 있다. 도시국가 간에는 언어 차이가 있었지만, 한 도시국가 내에서는 같은 언어를 사용했다. 중세 유럽도 사정은 비슷했다. 우리가 지금 프랑스·영국·독일·스페인 등으로 알고 있는 나라는 불과 18~19세기에 만들어진 근대국가 체제다. 그 이전까지는 각각 수십에서 수백 개로 이루어진 소왕국 체제였다. 당연히 다양한 언어가 공존했다. 아예 다른 언어를 사용하기도 하고 한 언어에도 다양한 방언이 있었다. 그러니 소왕국 간에 의사소통하는 데 적지 않은 어려움이 있을 수밖에 없었다. 이에 고대 로마의 언어였던 라틴어를 '공동문어共同文語'로 지정해 의사소통했다. 근대국가는 거대한 국가 체제를 만들기 위해 표준어라는 무기를 들이민 것이다. 근대국가의 형성은 다양한 언어를 하나로 통합해 강력한 국가 체제를 건설하는 과정이었다. 근대국가는 통합과 획일화로 나아가는, 브레이크가 고장이 난 열차와 같았다. 군대·행정·화폐 등은 물론이고 언어까지 표준어라는 기준을 만들어 획일화했다. 게

다가 표준어를 해친다는 이유로 각기 다른 민족어와 방언을 탄압하거나 적어도 그걸 쓸 경우 부끄러움을 느끼도록 유도했다. 그 결과 각 지역의 고유한 문화를 담고 있는 방언, 즉 사투리들이 급속하게 사라졌다. 유네스코는 지난 500여 년 동안 이미 수천 종의 토착어가 소멸했고 앞으로 100년 뒤에는 지구상에서 사용되는 언어의 절반 정도가 사라질 위기에 처해 있다고 경고한다. 현재 인류는 2주에 하나꼴로 언어를 잃고 있다.

방언은 표준어와 다른 과거의 언어로서, 인터넷 언어는 표준어와 다른 새로운 언어로서 억압 대상이 됐다는 문제의식이 든다. 방언은 지역 특성을 반영하기에 인터넷 언어와 다르다고 주장하는 사람도 있을지 모른다. 하지만 온라인과 오프라인은 공간적으로 다른 개념일 뿐 아니라 지역적인 문화 차이는 인정되고 계층적인 문화 차이는 인정될 수 없느냐는 반론이 바로 제기될 수 있다.

언어는 사고의 표현이고 문화의 표현이라고 한다. 최근의 신조어 역시 나름대로 인터넷이라는 공간적 특성과 청소년이라는 계층적 특성을 반영한 문화의 한 형태일 수 있다. 한글을 파괴하고 세대 갈등을 격화시킨다는 신조어에 대한 비판을 접하면서 모든 것을 획일화하고자 한 근대국가의 폭력성을 떠올리는 것은 지나친 상상력일까. 나아가 표준어 중심의 공식 언어를 가치판단과 질서의 기준으로 삼는 사고방식도 얼마나 설득력이 있는지 고민해볼 문제다. 프랑스 현대 철학자 미셸 푸코^{Michel Foucault}가 《말과 사물》에서 제기한 다음 내용은 주의 깊게 들을 만하다. 세르반테스의 소설 속 주인공 '돈키호테'의 말이 선구적으로 언어의 불확실함과 허구성을 보여주었다면서 주장한 내용이다.

"문자는 세계의 산문이기를 멈추었고, 닮음과 기호의 오랜 일치는 무너졌고, 유사성은 기만하고 망상과 정신착란으로 바뀌고, 사물은 가소로운 동일성 속에 끈질기게 머물러 있고, 즉 이제는 현재의 모습일 뿐이고, 말은 채울 내용도 닮음도 없이 이리저리 옮겨 가고, 더 이상 사물을 나타내지 않으며, 먼지에 덮인 책의 지면들 사이에 잠들어 있다."

그에 의하면 "문자는 세계의 산문"이 아니다. 즉 확고한 생각을 지닌 내가 말을 통해 세계를 설명하거나 평론하는 작업은 적합성을 갖지 못한다. 언어는 그동안 세계를 객관적으로 설명하는 기호라고 여겨져 왔다. 하지만 실제로 세계의 사물이나 현상과 이를 설명하는 말 사이에는 동일성·유사성이 없다. 이제 말은 객관 세계와 분리되어 사용되고 변화한다. 우리의 생각은 돈키호테의 방랑과 모험이 그러하듯이 그저 세계와 말 사이를 허우적거리며 걸을 뿐이다. 사정이 이러하다면 말은 세계에 대한 절대적 권위를 갖지 못한다. 말은 가치판단과 질서의 절대적 기준이기 어렵다. 이는 기존의 말이 언어의 옳고 그름을 판단하는 고정된 잣대일 수 없음을 의미한다. 또한 언어는 본래 시대와 상황이 변화함에 따라 수시로 변신하는 특징을 갖고 있기에 이에 대해 부정적으로 생각할 필요도 없음을 의미한다.

인터넷과 스마트폰을 매개로 온라인이 우리 일상의 중요한 공

수다의 인문학

간이 된 현재 상황에서 이에 적합한 신조어가 등장하는 것은 지극히 자연스러운 현상이라고 봐야 한다. 표준어의 틀에 맞지 않는다고 해서, 청소년과 청년이 먼저 만들어 유포한 것이고 기성세대에게 익숙하지 않다고 해서 부정적인 태도를 가질 필요는 없다. 무엇보다 한글과 세대 공감을 '파괴'한다는 극단적인 표현까지 동원할 이유는 없을 듯하다.

우리가
화장실
선진국이란다

최고급 호텔 같은 공중화장실

지방 강연을 가기 위해 고속도로를 운전하다 보면 어김없이 휴게소를 찾게 된다. 장거리 운전의 묘미 가운데 하나로 휴게소를 꼽는 사람도 많다. 허기진 배를 채워줄 한식·양식·중식·일식 등 다양한 음식이 기다리는 곳이기도 하다. 특별히 배가 고프지 않아도 입맛을 돋우는 각종 간식이 유혹한다. 혹시 찾아올지 모르는 졸음을 대비해 커피 한 잔을 챙길 수도 있다. 당연히 화장실을 들르는 일도 빠질 수 없다.

휴게소 화장실에 들어설 때마다 참 대단하다는 생각이 든다. 이용자들 사이에 좀처럼 몸이 닿기 어려울 만큼 통로와 변기 주변이 널찍하다. 수시로 청소하기에 항상 청결하다. 변기에 금이 가거나 물이

수다의 인문학

새는 곳을 발견하기도 어렵다. 화장지가 없거나 부족해 낭패를 보는 일도 없다. 세면대 주변에는 늘 비누가 있고, 겨울이면 따뜻한 물도 나온다. 솔직히 말해 어떤 경우에는 우리집 화장실보다 깨끗하다는 생각조차 든다. 휴게소뿐 아니라 지하철이나 공원, 도시 길거리의 화장실도 마찬가지로 쾌적하다.

특히 정읍휴게소의 화장실은 최고급 호텔을 방불케 한다. '5성급 호텔 화장실'이라는 수식이 그리 과장되게 들리지 않는다. 전체적으로 블랙과 화이트로 색상을 대비시켜 깔끔하고 세련된 분위기를 자아낸다. 천장의 환한 조명과 벽면의 간접 조명도 서로 어우러져 있다. 자연 채광 느낌을 살린 천장의 장식이 멋을 더한다. 현대식 디자인의 세면대가 보이고 거울마다 분위기 있는 전등을 달아서 공용 시설이

정읍휴게소의 화장실 내부 모습.

아니라 개인 취향에 맞춰 꾸민 공간처럼 여겨진다. 벽면에는 화장실 전체 톤과 어울리는 흑백영화의 스틸 사진이 걸려 있다. 마치 사진 전시회에 온 듯하다. 실제로 영화 <로마의 휴일>을 콘셉트로 삼아 꾸몄다고 한다.

정읍휴게소 외에도 나름의 독특한 주제로 화장실을 꾸민 곳이 꽤 많다. 문막휴게소의 화장실은 앙투안 드 생텍쥐페리^{Antoine de Saint-Exupéry}의 소설 《어린왕자》를 활용했다. 노란색 바탕의 벽면에는 책에서 접했던 익숙한 삽화로 가득하다. 한쪽에는 소설에 나오는 바오밥나무를 형상화한 조형물도 놓여 있다. "중요한 것은 눈에 보이지 않아요"처럼 유명한 구절도 곳곳에 소개되어 있다. 《어린왕자》를 주제로 공들여 꾸민 카페 혹은 놀이동산에서 남녀노소가 함께 즐길 수 있는 재미있는 공간을 만들었다고 해도 믿을 만하다. 비용도 상당히 들어갔으리라 짐작된다.

이뿐이 아니다. 도시와 거리에 있는 공중화장실 중에는 천장에 대형 유리창을 설치해 자연 채광을 쬐고 하늘을 볼 수 있게 한 곳도 드물지 않다. 주변 경치가 좋은 곳에 위치한 경우에는 화장실 한두 면을 통유리로 개방해 감상하는 즐거움도 제공한다. 자연 친화적으로 꾸며 숲에 들어간 기분을 선사하는 곳도 있다. 문화적인 발상이 돋보이는 경우도 있다. 그림이나 사진을 전시해 고급 갤러리를 연상시키려는 시도가 대표적이다. 유서 깊은 유적지가 있는 지역에서는 전통미를 살린 디자인을 선보이기도 한다. 과거에 연기와 불로 급한 소식을 전하던 시설이 있던 지역에서는 화장실 건물을 봉수대 모양으로 만들기도 했다. 화장실을 축구공 모양으로 만든 곳, 우주선에 들어간 듯한 특이한 느낌을 주는 곳도 있다.

한국의 공중화장실이 이렇게 다양하고 고급스럽게 변신하게 된 계기는 2002년 월드컵 축구대회다. 해외에 한국이 얼마나 발전했는지 보여주자는 취지에서 '아름다운 화장실 만들기' 운동이 전개되었다. 공중화장실이 세계 속에서 한 나라가 도달한 수준, 이른바 '국격'을 보여준다는 믿음이 형성된 것이다. 그 이후 현재에 이르기까지 정부와 지방자치단체를 중심으로 아름다운 화장실 만들기 열풍은 쉼없이 경쟁적으로 이어졌다. 단순히 청결함·쾌적함·편리함을 키우는 데 머물지 않고, 문화적인 측면을 도입해 특색 있는 공간을 만드는 데 주력한다.

상황이 이러하다 보니 한국의 공중화장실에 감탄하는 해외의 반응도 쉽게 접할 수 있다. 화장실이라는 생각이 들지 않을 정도로 깨끗하고 정돈된 모습에 흡족해하는 것은 물론이며, 무엇보다도 고급스러운 시설과 장식에 대한 칭찬이 자자하다. 비데가 설치된 곳이 적지 않다는 것, 따뜻한 물이 나온다는 것에 놀라기도 한다. 음악과 향기가 어우러진 카페 같다는 반응도 많다. 한국 공중화장실을 벤치마킹하기 위한 '화장실 투어'가 생겼을 정도다.

문화 선진국이라는 유럽의 화장실

미술관 기행을 위해 몇 차례 유럽 여행을 갔다가 접한 화장실 광경은

파리의 공중화장실 내부 모습.

한국과 참으로 대조적이었다. 세계 각지의 여행객들로 붐비는 파리 역시 그랬다. 한국인이라면 '파리의 공중화장실'을 보고 코웃음을 칠 것이다. 선진국이자 문화강국이라고 자랑하는 나라가 고작 이 상태냐고 말이다. 전체적으로 공간이 좁아서 대여섯 명의 사람만 드나들어도 서로 몸이 닿을 듯하다. 벽과 바닥 모두 흰색 타일로 가득할 뿐 어디 한 군데 아름답게 꾸민 흔적을 찾아보기 어렵다. 구석에는 빛이 제대로 미치지 않아서 천장의 조명이 충분하지 않다는 점을 충분히 예상할 수 있다. 설치된 소변기도 작고 높아서 불편해 보인다. 연결 파이프가 그대로 드러나 있고 물을 내리는 버튼은 수동이다.

이러한 모습은 한국의 20년쯤 전에 도시 곳곳에서 흔히 볼 수 있었다. 하지만 이 정도면 파리를 비롯해 유럽 대도시에서 접하는 공중화장실과 비교할 때 사정이 꽤 괜찮은 편이다. 소변기 상태는 나름 깨

수다의 인문학

끗하고 디자인도 세련된 축에 속하니 말이다. 흰색 타일로 꾸며진 벽과 바닥 덕분에 전반적으로 깔끔한 분위기다. 유럽 여행을 다녀본 사람이라면 충분히 공감하겠지만 우리와 비교하면 그곳의 공중화장실은 그리 쾌적한 편이 아니다. 관리인이 있으니 기본적인 청결 상태야 문제가 없다 하더라도 시설은 별로 볼품이 없다. 무엇보다 '인테리어'라고 할 만한 요소가 거의 없다. 지역이나 장소의 특성을 살린 문화 개념도 찾아보기 어렵다. 갤러리나 카페 분위기는 기대하지 말아야 한다.

게다가 유럽의 공중화장실은 대개 유료다. 물론 공공성이 강한 미술관·도서관·관공서 등 안에 위치한 화장실은 대부분 무료다. 하지만 시내 거리에서 공중화장실을 이용하려면 동전을 준비해야 한다. 징수원이 입구에 앉아 있기도 하고, 아예 동전을 넣어야 차단 봉이 열리는 곳도 있다. 입구에 동전 교환기가 놓여 있기도 하다. 요금은 원화로 환산하면 500~1,000원 정도다. 더 큰 문제는 공중화장실을 찾는 일 자체가 만만치 않다는 점이다. 유료 화장실이라도 많으면 좋겠건만 좀처럼 눈에 들어오지 않는다. 대도심의 큰 길가나 꽤 유명한 관광지에서조차 수월하지 않다. 여기저기 한참을 찾아 헤매야 가까스로 만난다. 심지어 지하철 역사에서도 화장실을 찾기 어려운 경우가 많다.

파리의 루브르미술관을 며칠 동안 출퇴근하듯 다녔을 때의 일이다. 하루는 미술작품만 감상하다 프랑스를 떠날 수는 없다는 생각에 에펠탑을 찾아 나섰다. 루브르에서 에펠탑까지, 거리를 감상하며 산

파리의 공중화장실.

책하듯 느긋하게 걸었다. 도중에 소변을 보고 싶은 낌새가 살짝 있기
는 했다. 에펠탑은 파리를 상징하는 시설이니 큰길을 따라 걷다 보면
당연히 공중화장실을 만나게 되리라는 생각에 별다른 걱정을 하지
않았다. 하지만 이는 나의 큰 착각이었다. 당연히 두어 차례는 있을
줄 알았던 화장실이 보이지 않았다. 작은 골목을 찾아 들어가면 있었
을지도 모른다. 화장실 표지판만 찾다 보니 다른 건 눈에 들어오지 않
았다. 점점 방광이 꽉 찬 느낌이 들자 초조해졌다. 그래도 세계인으로
가득한 에펠탑에는 화장실이 있을 거라는 믿음이 있었다.

　에펠탑에 도착하자마자 이제 '살았다'라는 생각에 부랴부랴 화
장실부터 찾았다. 하지만 곧 하늘이 노랗게 보이는 경험을 했다. 그날
따라 화장실이 공사 중으로 닫혀 있는 게 아닌가. 한국이라면 경복궁

화장실을 공사할 계획이라면 미리 조치해 이동식 간이화장실을 충분히 설치해두었을 것이다. 하지만 아무리 둘러봐도 간이화장실은커녕 다급한 사람을 위한 안내 표지조차 볼 수 없었다. 노상 방뇨라도 하고 싶은 절박한 심정이었다. 이를 악물고 참으면서 대책을 찾았다. 근처 센강 선착장을 유일한 희망으로 삼아 고통스러운 걸음을 옮겼다. 다행히 유람선 모양으로 만들어진 선착장 휴게소에서 가까스로 해결했다. 그날 이후 유럽 미술관 기행을 갈 때면 길지 않은 거리여도 무조건 화장실을 이용 후에 이동했고, 화장실을 보면 일단 들어가는 습관이 생겼다.

다행히 최근 유럽 대도시에는 공중화장실이 늘어났다. 과거와 비교했을 때 더 많은 곳에 새로 설치하긴 했지만, 여전히 간이화장실 수준이다. 이는 영국·프랑스를 비롯해 유럽 대부분 국가가 비슷하다. 간이화장실은 이동이 간편하다는 장점이 있다. 하지만 치명적인 약점이 있어서 많은 사람이 수시로 이용하는 장소에는 적합하지 않다. 기초 공사를 하지 않은 채 설치하는 방식이기 때문이다. 제대로 된 하수 시설이나 정화 시설이 없으니 일정 시간 배설물을 쌓아두는 수밖에 없다. 설치 후 조금만 시간이 지나면 악취를 풍기는 것도 그 때문이다. 또한 손을 씻는 데 필요한 수도도 이용하기 어렵다.

공공 선택과 공중화장실

우리는 대부분 한국의 공중화장실이 세계 최고 수준이라는 칭찬에 자부심을 느낀다. 유럽과 직접 비교하는 순간 '화장실 선진국'이라는 말을 실감하며 뿌듯한 마음을 갖는다. 그런데 나는 첨단 시설에 화려함까지 갖춘 광경을 볼 때, 씁쓸함이 스며든다. 사돈이 땅을 산 것도 아닌데 웬 고약한 심정이냐고 할지 모르겠다. 나의 씁쓸함은 노인 빈곤율과 자살률이 OECD 1위인 한국의 현실이 동시에 겹치는 데서 비롯된다.

　　다른 나라처럼 화장실을 찾거나 이용하는 데 큰 불편을 겪어도 된다고 생각하는 건 전혀 아니다. 불편함을 느끼지 않을 정도로 충분한 시설을 만들어야 한다. 무료로 이용할 수 있는 부분도 국민에 대한 공공서비스 중 하나로 반길 일이다. 불쾌감을 주지 않도록 쾌적한 공간과 청결 유지에 신경 쓰는 것도 칭찬받아 마땅하다. 중요한 부분은 큰 비용을 들여 호텔급 시설과 장식을 갖추고, 고급 카페와 같은 만족감까지 주는 게 필요하냐는 것이다. 나는 한국의 공중화장실이 세계에서 가장 고급스럽다는 점이 무조건 반길 일은 아니라고 생각한다. '공중'화장실인 이상 '공공 선택'의 범위에 들어가기 때문이다. 경제학 교수이자 유엔경제사회이사회 유럽 대표였던 앙드레 푸르상[Andre Fourcans]은 《이야기 경제학》에서 '정책 시장과 공공 선택'에 대해 다음과 같이 말한다. 한국의 '최고급 호텔을 방불케 하는 공중화장실'이라는 공공 선택의 적절성을 고민하는 데 좋은 참고가 되리라 생각한다.

　　"정책 결정 과정에서 자동으로 움직이는 메커니즘은 존재하지 않는다. (중략) 이러한 작용이 지우는 부담을 깨닫지 못하는 사람들은 웃으면서 진통제를 삼키고, 그 결과 권력을 차지한 이들을 엄격히 다루지 못하게 된다. 이모든 것이 정치적으로 가장 발전한 곳에서 가장 잘 이루어진다! (중략) 정보에 대한 또 다른 문제는 '납세의 환상'이다. 시민들이 공공 재화와 용역의 비용에 대해서는 거의 모른다. 일반적으로 이러한 것들은 거의 과소 평가된다."

푸르상에 따르면 정책 결정은 자동적 메커니즘이 아니다. 국가 재정을 어떻게 사용할 것인가를 둘러싸고 일어나는 정책 결정은 정해진 구조와 절차가 미리 마련되어 있지 않다. 여기에는 인위적 선택이 따른다. 공공 정책에도 시장 원리가 작용하기 때문이다. '공급'과 '수요'가 상호작용한다. 당연히 한 분야에 더 많은 재정이 투입되면, 그만큼 다른 분야에 대한 관심과 투자는 줄어들기 마련이다.

공중화장실도 마찬가지다. 유럽 화장실이 볼품없는 데는 나름대로 이유가 있다. 사회·문화적으로 여러 이유가 있겠지만, 그 가운데 사회복지가 주요 요인이다. 화장실을 화려하게 꾸미는 대신 가급적 사회적 취약 계층을 위한 복지에 더 많이 지출하기 때문이다. 우리는 흔히 '한정된 자원'이라는 말을 사용한다. 틀린 말이 아니다. 자원은 무한정하지 않기에 어떻게 배분하느냐가 핵심 과제다. 국가 재정도 예외가 아니다.

한국에서는 왜 공공 선택에서 공중화장실이 특별한 지위를 차지하는가? 또한 왜 상당한 기회비용을 감수하면서까지 막대한 재정을 투입하는가? 여기에는 '권력을 차지한 이들'의 정치적 계산과 깊은 관련이 있다. 시장 한쪽에는 정책 시장에서 경쟁하는 '입안자들'인 정치가가 있다. 사기업의 경영인과는 대조적으로 정치 관료는 임무 수행에서 생긴 금전적 이익을 착복할 수 없다. 그리하여 다른 식으로 자신의 영향력·권력·특권을 키우려 애쓴다. 선거를 통해 당선되는 자리라면 대중적인 지지와 권력 내 영향력을 키우는 방식으로, 전문 관료라면 해당 부서의 크기를 확대하거나 역할 수행에 드는 비용을 늘리는 방식으로 말이다.

한국에서 정치인과 관료가 제일 선호하는 방식은 사회적 약자를 위한 복지보다는 크고 화려한 공공시설 마련이다. 시장이나 도지사 등 지방자치단체장들이 호화 청사를 짓는 데 열을 올리는 것도 그 일환이다. 지방의회의 일부 의원이나 시민단체에서 이로 인해 복지사업 예산이 대폭 축소되는 것을 비판하며 반대하지만 밀어붙이는 경우가 많다. 대도시의 경우 큰 규모를 자랑하는 체육관이나 문화시설, 화려한 조명으로 치장한 공원 건설을 선호한다. 소규모 도시나 대도시의 구청에서는 아직 멀쩡해 보이는 보도블록을 새로 깔거나 호텔 같은 공중화장실을 새로 짓기도 한다.

막대한 지출에 필요한 공공 재정은 저절로 생겨나지 않는다. 한정된 재정 안에서 이루어지는 선택이니 다른 분야, 대개 복지 재정의 축소로 이어진다. 지출 조정으로도 해결하기 어려운 건설 비용 부담은 고스란히 세금으로 주민에게 돌아간다. 이 돈은 어디로 흘러 들어 갈까? 사업의 특성상 토목과 건설 분야가 가장 큰 수혜자다. 왜 유럽의 공공 선택은 복지로 향하고, 한국은 호화스러운 공공시설로 향하는가? 여러 요인이 있겠지만 그동안 자본과 권력, 그리고 이를 대변

수다의 인문학

하는 유력한 정치인들이 만들어놓은 왜곡된 의식이 크게 작용한다. 대규모 공공시설 공사로 천문학적인 이윤을 챙기는 '토건족'은 기업과 권력 양쪽으로 광범위하게 포진해 있다.

또한 지난 수십 년 동안 한국의 권력은 복지 확대 요구를 경제발전을 가로막는 가장 위험한 해악으로 선전했다. 그 결과 한국에서는 선거 때마다 희한한 현상이 나타난다. 보통 유럽에서는 복지가 가장 필요한 노년층이 복지정책을 중시하는 정치 세력의 가장 두터운 지지 기반이다. 복지 지출을 대폭 삭감하고 대신 화려한 공공시설을 짓는 데 열중하는 정치인과 정당은 노년층을 비롯해 다수 서민의 지지를 받지 못한다. 하지만 한국은 노년층이 복지정책에 가장 강력하게 반발하는 계층이다. 자신에게 가장 절실하고 실제로 도움이 되는 정책을 가장 반대하는 아이러니한 일이 벌어지는 것이다.

게다가 한국인의 의식에 큰 영향을 미치는 부동산 투기 심리도 적지 않게 작용한다. 주민들은 화려한 공공 편의시설이 지역의 부동산 가격 상승에 긍정적 효과를 준다고 여기기에 그들에게 투표하는 경향이 나타난다. 토건족의 이익과 정치인의 영향력 추구, 그리고 부동산 투기 심리를 가진 주민의 이해가 맞물리면서 한국에서는 이러한 공공 선택의 결과가 벌어진다. 푸르상의 표현대로, 자신에게 지워지는 부담을 깨닫지 못하고 '웃으면서 진통제'를 삼키는 현상이 극단적으로 나타난다.

한국은 프랑스를 비롯한 유럽 주요 국가에 비해 국내총생산^{GDP} 대비 사회복지비 지출이 절반에도 한참 못 미친다. 경제 규모는 세계

11~12위로 OECD 상위권에 속하지만, 사회복지비 지출 비율은 여전히 최하위 수준이다. 화장실을 호텔급으로 개조하는 동안 취약 계층의 삶은 최소한의 생존조차 위협당하는 처지에 있다. 화장실에 문화 개념을 입히는 동안 상당수 노인에게 문화 향유는 사치가 되어버리고 동네 공원을 전전하는 일상이 반복된다. 이러한 상황을 정상적인 사고방식과 정책이라고 할 수 있을까? 프랑스 공중화장실처럼 소변기 물을 내리는 버튼이 수동이면 어떻고, 벽이 평범한 흰색 타일이면 어떤가. 화장실에서 따뜻한 물이 나오지 않는다고 큰 불편이 생기지도 않는다. 다만 이용에 불편이 없도록 무료 공중화장실을 충분히 만들고, 청결하게 유지해 제 기능을 다 하면 될 일이다. 세계인의 눈을 놀라게 할 만큼 호화로운 문화 공간으로 만드는 데 들인 재정을 복지 비용으로 사용하는 데서 선진국을 향한 길을 찾아야 하지 않을까?

수다의 인문학

혹시
나도
꼰대인가?

라떼는 말이야

몇 해 전 편의점에서 신기한 과자를 발견했다. 이름이 '라떼는 말이야'였다. 진열대에 놓인 다른 과자와 전혀 다른 이미지를 가진 봉지가 눈길을 확 끌었다. 보통은 봉지에 과자 모양을 확대하고 강렬한 색으로 꾸며 입맛을 돋운다. 손이 가도록 유혹하는 그럴듯한 광고 문구도 들어간다. 하지만 이 과자는 어떤 내용물이 담겨 있는지 금방 알기 어려웠다. 그저 '라떼'라는 이름에서 커피 메뉴 중 하나가 떠오르고, 아래 조그맣게 쓰인 초콜릿과 커피라는 단어가 어떤 맛일지 짐작하게 할 뿐이었다. 아쉽게도 편의점 업체에서 한정판으로 만든 상품이어서 지금은 찾아볼 수 없다.

'라떼는 말이야'는 과거를 회상하며 '나 때는 말이야'를 반복해서 말하는 기성세대의 고리타분한 태도를 빗댄 표현이다. 젊은 세대에게 꼰대질을 하는 일, 즉 나이가 많다는 것을 내세워 자기의 구태의연한 사고방식을 강요하는 어른들을 비꼴 때 사용한다.

과자의 포장에 담긴 그림과 대사는 꼰대질의 특징을 잘 보여준다. 회사에서 부장 정도의 직급을 가진 상사와 젊은 부하 직원이 대화하는 장면이다. "세상 참 좋아졌어. 나 때는 어땠는 줄 아나?"라고 묻자, "네, 매일 들어서 잘 압니다"라고 답한다. 과거 어려웠던 시절에 겪었던 자기 경험을 절대화하여 훈계하는 어른의 태도가 표정과 말에서 뚝뚝 묻어난다. 재미있는 것은 "뭔진 모르겠지만"이라는 답이다. 정작 젊은 세대는 꼰대의 훈계를 대부분 귀담아듣지도 않는데 그럼에도 어쩔 수 없이 자주 들어야 하는 현실까지 꼬집는 것이다.

'나 때는 말이야'는 꼰대질의 시작을 알리는 조짐이다. 보통은 자신과 기성세대가 아무것도 갖추어지지 않은 어려운 조건에서도 어떻게 일을 잘 해결했는지를 늘어놓는 경우가 많다. 물론 과거를 회고하는 자기 자랑에 머물지 않는다. 요즘 세대나 부하 직원들을 지적하기 위한 밑밥이다. 지금은 과거와 비교했을 때 모든 면에서 조건이 더 좋아졌는데도 젊은이들이 나약하다는 비난이 뒤따른다. 한마디로 불만을 제기하거나 핑계를 대지 말고, 윗사람의 지시에 따라 주어진 일을 충실하게 이행하라는 요구로 마무리된다. 나이나 지위, 더 많은 경험을 곧바로 자신의 우월함을 증명하는 척도로 연결한다.

'나 때는 말이야' 이외에도 꼰대질을 상징하는 말은 상당히 많

다. 비슷한 맥락에서 자주 등장하는 말이 '내가 해봐서 아는데', '그
정도는 아무것도 아니야', '옛날에는 상상도 못할 일이야' 등이 있다.
나 역시 어릴 때부터 신물 나게 듣던 말이다. 아버님은 주로 청년기
에 겪었던 한국전쟁 시절의 어려움을, 어머님은 가난하게 살았던 시
절의 경험을 사례로 드셨다. 기성세대는 그 어려운 시절도 이겨냈으
니, 너희는 지금의 작은 어려움에 불만스러워 말고 맡겨진 일에 오
직 충실하라는 취지다. 단골로 사용하는 꼰대 대사 중 빠질 수 없는
게 젊은 세대를 몰아붙이는 말이다. 흔히 '요즘 애들은 버릇이 없어',
'어디서 어른이 말씀하시는데 또박또박 말대꾸야?' 같은 것이다. 여
기에 반박을 할라치면 좀 더 거친 말이 튀어나온다. '가만히 있어 봐',
'조용히 해봐'라며 제지당한다. '그렇다면 그런 줄 알아!', '시키면 시
키는 대로 해!' 등의 고함도 뒤따르기 마련이다. 물론 상황이나 상대
에 따라 당근으로 위장된 구슬림도 동원된다. '기분 나쁘게 생각하지
말고 들어', '다 너 잘되라고 하는 소리야!'.

대표적인 꼰대질을 추려 만든 '꼰대의 육하원칙'도 있다. Who-
내가 누군 줄 알아?, What-너가 뭘 안다고?, Where-어딜 감히?,
When-내가 너만 했을 땐 말이야, How-어떻게 그걸 나한테?, Why-
내가 그걸 왜? 꼰대 어른을 꺼리는 분위기가 퍼지자 나는 꼰대가 아
니라며 손을 가로젓는 일도 빈번해졌다. 그러자 이번에는 꼰대 종류
가 두 가지로 늘어났다. '자신이 꼰대인 줄 알면서 꼰대질하는 꼰대'에
더해 '자신은 꼰대가 아니라고 확신하며 꼰대질하는 꼰대' 말이다.

자기가 꼰대인지를 확인할 수 있는 대조 항목이 소개되는 것도

이러한 분위기에 기반한다. "사람을 처음 만나면 나이부터 확인하고 어린 사람에게는 반말한다. 대체로 명령문으로 말하는 것을 좋아한다. 버스나 지하철의 노약자석에 앉아 있는 젊은이에게 '비켜라'라고 말하고 싶다는 충동이 든다. 한때 내가 잘나가던 사람이었다는 걸 알려주고 싶다. 자신의 인맥을 자꾸 얘기한다. 나보다 늦게 출근하는 후배가 거슬린다. 내 의견에 반대한 후배는 두고두고 잊지 못한다. 후배의 장점이나 업적을 보면 자동반사적으로 그의 단점을 찾게 된다. 낯선 방식으로 일하는 후배들을 제대로 가르쳐주고 싶다. 자유롭게 의견을 얘기하라 말했지만, 결국 답을 제시하는 건 나다. 회식이나 야유회에 개인 약속을 이유로 빠지는 사람을 이해하기 어렵다. 나에게 인사하지 않으면 기분이 불쾌하다." 이 가운데 몇 개 이상이면 꼰대거나 잠재적인 꼰대라는 식이다.

언제부터 꼰대가 문제였을까?

한국에서 꼰대라는 말은 1960년대부터 1980년대까지 주로 중고등학교 학생들이 교사나 아버지를 가리키는 은어였다. 당시에도 의미는 비슷했다. 학생에게 내용을 친절하게 설명하거나 왜 옳은지 그른지를 설득하기보다는 강압적 태도를 보이는 사람에게 쓰였다. 과거의 자신이 어땠는지를 과시하고, 무조건 자기 말을 따라야 하며, 결국은 다 너 잘되라고 하는 말이라는 식이었다.

서양에서도 일방적으로 찍어 누르는 교사나 어른에 불만이 상당

오노레 도미에, <교사>, 19세기.

했던 듯하다. 억압적인 정치와 부조리한 사회를 풍자한 그림을 그린 것으로 유명한 프랑스 화가 오노레 도미에^{Honoré Daumier}의 <교사>는 꼰대 기질을 지닌 어른의 전형적인 모습을 보여준다. 학생을 내려다보는 교사의 눈길이 위압적인 분위기를 그대로 전달한다. 한 손에 책을 펼쳐 들고 다른 손으로 이를 가리키고 있는 것으로 봐서, 책에 다 나온 내용조차 모르다니 말이 되냐며 질책하는 게 아닐까 싶다. 비틀어진 입에서는 "이런 한심한 놈"이라는 말이 튀어나오고 있을 듯하다.

학생은 도저히 납득할 수 없다는 표정이다. 교사라는 권위 때문에 어쩌지 못할 뿐 속으로는 부글부글 끓는다. 가만히 앞만 쳐다보는

일상의 흔한 수다

날카로운 눈길과 앙다문 입술에 불만이 가득하다. 책상에 두 손을 가지런히 올려놓고 있지만, 당장이라도 자리를 박차고 일어나려는 듯하다. 옆에 있는 학생도 '저 선생 또 시작이구나' 하는 표정이다. 이 그림을 보면 학창 시절에 직접 겪었던 비슷한 상황이 떠오르고, 입에서 '꼰대'라는 단어가 자연스럽게 튀어나올 것이다.

기성세대가 나이 어린 사람을 무례하게 대하는 경향이 어디 수백 년 이내에 생긴 일이겠는가. 인간 집단 내에 권력을 통한 지배와 피지배 관계가 생긴 이후부터 지금까지, 정도의 차이만 있을 뿐 이어졌으리라. 특히 꼰대가 주로 남성 어른에게서 전형적으로 발견된다는 점에서 가부장제가 형성된 이후 가부장적 권위의 일부로 자리 잡았을 것이다. 기원전 5세기경에 활동했던 고대 그리스의 대표적인 철학자 소크라테스^{Socrates}도 당시에는 어지간히 꼰대 기질을 지녔던 것으로 보인다. 지금이야 인류의 역사를 통틀어 손가락 안에 꼽히는 성인이지만, 당대 그리스인들에게는 그와 다른 이미지였던 듯하다. 소크라테스가 남긴 글들이 그를 철저하게 신봉했던 제자 플라톤^{Platon}의 저작을 통해 전해졌기에 좋은 점만 드러난 측면도 있다.

동시대에 활동했던, 고대 아테네를 대표하는 희극 작가 아리스토파네스^{Aristophanes}의 《구름》에 묘사된 소크라테스를 보자. 그는 허무맹랑한 이야기나 늘어놓고 궤변으로 사람들을 속이는 인물로 그려진다. '나 때는 말이야'라는 식으로 상대의 어려움을 무시하고, 일방적으로 자기 생각을 강요하는 고대 그리스 '꼰대'의 모습이다. 당대에 가장 유명한 작가의 작품에 주인공으로 등장했다는 점에서 이러한 시

　　　　　　　　　　　　　　　　　　　　　수다의 인문학

선으로 그를 바라보는 그리스인이 적지 않았음을 충분히 짐작할 수 있다.

소크라테스에게 배움을 청하러 온 제자와의 대화도 있다. 소크라테스가 제자에게 자신이 쓰던 침구에 누워 "자기 자신의 일을 생각해보게"라고 한다. 누더기를 걸치고 맨발로 돌아다니던 그의 행색과 '너 자신을 알라'라고 하던 명제를 빗댄 말인 듯하다. 제자는 침구가 아닌 땅바닥 위에서 생각하도록 해달라며 통사정을 한다. 침구에 가득한 빈대 때문이다. "아이고. 저는 꼼짝 못 하고 죽게 생겼습니다. 이 허름한 잠자리로 빈대 군단이 기어올라 저에게 덤벼듭니다. 배를 창으로 찌르고 피를 빨아먹고 창자를 꺼내고 엉덩이를 파헤쳐서 저를 죽여버릴 것 같아요."

하지만 소크라테스는 다른 곳은 안 된다며 타박한다. "생각하게. 생각에 깊이 파고들어 샅샅이 뒤지고, 난관에 부딪힐 경우 곧 다른 문제를 다루어 달콤한 잠이 자네 눈에 내리지 못하도록 하게." 자신이 그러했듯이 빈대가 덤벼드는 고약한 환경에서 치열하게 배워야만 깨우침에 도달할 수 있다는 취지다. 그 정도의 어려움도 참지 못하고 무슨 배움이냐는 호통이다. 제자가 한동안 생각에 잠겨 있자 스승은 무슨 생각을 하는 중이냐고 묻는다. 제자가 "이렇게 심하게 공격을 받고도 내 몸이 과연 남아 있을 수 있을까" 생각한다고 하자, 소크라테스는 "이런 바보를 봤나, 아예 뒈져 버려라"라며 버럭 고함을 지른다.

서양 근대에 들어서 꼰대질에 의한 교육 폐해를 가장 신랄하게 비판한 고전 중 하나가 장자크 루소^{Jean-Jacques Rousseau}의 《에밀》이다. 루소는 이 책에서 아이와 청소년의 자연스러운 감정과 자율적 선택을 무시한 채 기존 통념을 주입하는 데 몰두하는 교육방식을 비판한다.

"누르지 않으면 안 되는 악덕을 조장하지 않고는 학생에게 유지될 수 없는 권위가 도대체 무슨 소용이 있는가. 그것은 날뛰는 말을 진정시키기 위해 마부가 말을 절벽 밑으로 뛰어내리게 하는 것과 같다. 청년의 정열은 교육의 방해가 아니라, 그것에 의해 비로소 교육이 마무리되고 완성된다. (중략) 당신들이 학생에게 하는 요구가 모두 그들을 위한 것이라고 아무리 덧붙여 이야기한들 소용없다. 어쨌든 당신들은 요구하고 있으며, 그가 동의하지 않는 것을 베풀고도 그것을 핑계 삼아 요구하고 있는 것이다."

그에 의하면 기존 교육은 오직 권위에 기대어 학생에게 강요된다. 기성세대의 여러 편견과 필요를 오직 어른이라는 권위로 억누름으로써 아이들이 가진 자연적 본성을 억압한다는 것이다. 학생들의 자연적 감정에 기초한 정열을 교육에 방해되는 요소로 간주하고 이를 최대한 억제시키기도 한다. 그리하여 마치 "승마를 위해 말을 훈련하듯 인간을 훈련"시키고, "정원의 나무처럼 자기 주인의 취향에 맞도록" 뒤틀어버린다. 학생들은 부모와 교사에 의해 아주 어린 시절부터 반복되는 훈련을 통해 조련사가 지시하는 대로 움직이는 말과 같은 수동적인 존재가 된다. 저마다 다양한 모습을 지닌 숲의 나무와 달리, 오직 정원사가 가꾼 모양대로 천편일률적으로 자라는 획일화된 나무가 되는 것이다. 사회인습이라는 폭력에 짓밟혀 기형적인 인간으로 왜곡된다. 한국에서 학생을 대하는 교사와 어른의 꼰대질이 초래하는 결과를 보는 듯하다. 그런데도 과거나 지금이나 꼰대들의 자기합리화는 한결같다. 간섭과 강요는 모두 너희들을 위한 것, 즉 '다 너 잘되라고 하는 소리'라는 핑계 말이다.

꼰대질은 꼰대도 망가뜨린다

현재 한국사회에서 꼰대는 훨씬 더 확장된 개념으로 쓰인다. 권위적 태도에 익숙해져 있는 훈계는 아버지와 교사를 넘어 중년 이상의 직장 상사와 젊은 부하 직원, 나아가 나이 차가 몇 살 나지 않는 선후배 사이에서조차 문제가 된다. 최근에는 아예 '젊은 꼰대'라는 새로운 표현이 등장할 정도다. 줄여서 '젊꼰'이라고 하는데, 이 역시 심각성이 만만치 않다고 한다. 젊꼰은 젊은 나이임에도 고리타분한 수직적인 관계, 경직된 태도로 타인을 대한다. 각종 설문조사에 따르면, 회사에 젊꼰이 있으며 그들이 기성 꼰대와 비슷하다는 응답이 절반을 훨씬 넘는다. 부장이나 과장 등의 상사를 비난하더니 정작 동료 직원들 내에서 그 역시 꼰대질이 극심하다는 것이다.

심지어 일정하게 상하 직책 구별이 있는 직장뿐 아니라, 상호 수평적인 관계를 갖고 있는 대학 내 학생들 사이에서도 20대 초반의 젊은 꼰대들이 기승을 부린다. 20대 중후반의 직장인이 대학생을 '어린 놈들' 취급하기도 한다. 단지 몇 더 년 사회생활을 했을 터인데 마치 인생을 어떻게 살아야 하는지를 모두 겪고 알고 있는 듯 행세하며 충

출근하는 직장인들의 모습.

고한다. 비슷한 방식으로 대학생은 중고등학생을 '급식충'이라며 무시한다. 이러한 점에서 미루어볼 때 한국에서의 '꼰대'는 세대 갈등에 더해, 독특한 지적인 태도와 긴밀히 연관된 것으로 보인다. 꼰대질의 중요한 특징은 그간의 경험을 절대화하는 데에 있기 때문이다. 많은 경험을 우월함으로, 적은 경험을 열등함으로 연결하는 것 말이다. 다시 말해 더 많은 '경험'을 더 많은 '능력'과 동일시하는 사고방식이다.

경험을 절대화하기에 지적인 논거나 합리적인 논리 등은 무시하기 일쑤다. 경험이 지식을 대신하고, 억지와 큰 목소리가 논리를 대신한다. 경험의 절대화는 꼰대질 당하는 사람은 물론이고 하는 사람도 망가뜨린다. 경험으로 상대를 제압하고 우월감을 느끼는 게 반복되

수다의 인문학

면 진지함이 사라지기 마련이다. 경험이라는 손쉬운 무기에 의존하면서 지식을 쌓으려는 수고로움은 불필요한 짐으로 여기게 된다. 지식·논리에 기초한 지혜와 담을 쌓는 반지성적 태도가 그를 지배한다. 결국 자기 발전의 가능성을 스스로 차단하고 마는 것이다.

대화 과정 속 권위는 나이의 많고 적음이 아닌 그 사람이 제시한 내용의 올바름과 논리적 설득력에서 나와야 한다. 그런 점에서 루소가《에밀》에서 "청년들이 자기의 교사에 대하여 가져야 할 신뢰는 이성의 권위, 뛰어난 지혜, 청년이 알 수 있고 자신에게서 그 효용을 느낄 수 있는 장점에 의거해야 한다"라고 지적한 점은 진지하게 받아들일 필요가 있다.

청소년이나 청년이 어른·교사·선배의 말을 무조건 듣기 싫어하는 건 아닐 테다. 따끔한 지적이더라도 그 근거가 충분히 설득력이 있다면 인정하고 받아들일 수 있다. 대신 이를 위해서는 지적하는 상대에 대한 신뢰가 전제되어야 한다. 하지만 그 신뢰는 상대의 나이나 지위에서 오지 않는다. 지적하는 내용 자체가 당사자에게 타당하다고 받아들여져야 한다. 형식적 권위에 해당하는 요소는 배제하고 오직 문제가 되는 내용에만 서로 주목해야 한다.

그렇다면 우리는 언제 형식적 권위에서 벗어나는가? 형식적 권위는 수직적 관계에서 생겨난다. 상대가 나와 동등하다고 생각할 때 비로소 내용에만 집중하게 된다. 다시 말해 일방적 훈계로서의 꼰대질이 아닌 진정한 소통이 이루어지려면 수평적 관계라는 느낌 위에서 대화가 이어져야 한다. 그러한 의미에서 고대 로마의 사상가이자 공화정의 상징 인물인 마르쿠스 툴리우스 키케로Marcus Tullius Cicero가 《우정에 대하여》에서 말한 다음 내용을 진지하게 생각할 필요가 있다.

"우정에서 가장 중요한 것은 윗사람이 아랫사람과 동등해지는 것이네. (중략) 우정에서 윗사람은 자신을 친구의 수준으로 낮춰야 할 뿐만 아니라 아랫사람인 친구를 어떻게든 자기 수준으로 끌어올려야 하네."

내 나이가 아무리 많더라도 자식·학생·후배·부하 직원 등과 마음을 터놓은 대화가 가능하려면, 그들을 동등한 관계로 여겨야 한다. 우정은 동년배 사이에서만 형성되는 감정이 아니다. 노인과 청소년 사이에서도 얼마든지 끈끈한 우정을 만들 수 있다. 윗사람이 자신의 나이나 경험을 특별한 우월함이나 능력으로 자부하지 않는다면 말이다. 그때 우리의 일상에서 어른대던 꼰대의 그림자도 사라질 것이다.

*이런 생은
망했어*!

이생망

덴마크 최초의 여성 화가로 꼽히는 베르타 베그만^{Bertha Wegmann}의 <절망>은 그림 속 여인의 몸과 분위기만으로도 그림의 주제를 충분히 묘사한다. 여인은 얼굴을 팔 아래 파묻고 있어서 그 표정을 읽을 수가 없다. 그럼에도 절망이라는 감정은 충분히 느껴져 감상자에게 더 생생하게 전달된다.

먼저 여인의 몸과 자세가 절망에 빠진 심정을 드러낸다. 한동안 머리 모양을 돌볼 생각이 없었는지 대충 쓸어 넘겨 질끈 동여맸다. 몸을 가눌 힘도 없어 보인다. 머리와 팔, 가슴까지 탁자에 겨우 의지하고 있다. 한쪽 팔을 뻗었지만, 손가락 하나 까딱할 기력 없이 그저 탁

베르타 베그만, <절망>, 19세기 말.

자 위에 놓아두었다. 게다가 몸을 왼쪽 팔에 비스듬히 기대어 겨우 지 탱하는 중이다. 이 자세로 꼼짝도 하지 않은 채 몇 시간은 흘러갔을 듯하다. 그림의 전반적인 분위기도 한몫 거든다. 주변 사물에도 아무 런 장식이 없다. 문과 벽, 여인이 입은 옷까지 분명 밝은 계통인데 어 두워 보인다. 심지어 여인의 하얀 피부조차 생기라고는 찾아보기 어 렵다. 탁자를 덮은 천이 이 모두와 맞닿아 있고, 아주 짙은 색임에도 불구하고 색 대비가 제대로 전달되지 않을 만큼 전반적으로 칙칙하 다. 붓질의 방향을 보자. 그림의 다른 곳은 대부분 좌우로 향했지만, 가장 넓은 면을 차지하는 탁자의 아랫부분은 위에서 아래로 거칠게

수다의 인문학

칠해져 있어서 여인의 몸도 한없이 아래를 향해 끌려 내려가는 느낌이 든다. 즉 어디가 바닥인지 확인하기 어려운, 절망에 휩싸인 여인으로 다가온다. 아무리 극심한 어려움을 겪고 있더라도 그것이 일시적이거나 노력으로 벗어날 수 있는 것이라면 이토록 가라앉아 있지는 않으리라. 당장 힘들어도 실마리가 보이면 마음과 몸의 한구석에 꿈틀거릴 힘은 있기 마련이다. 하지만 여인은 그런 작은 희망도 찾을 수 없는 것 같다. 헤어나올 수 없는 늪에서 기대의 끈을 놓은 듯하다.

지금 한국사회에서 이 그림과 가장 잘 어울리는 유행어를 찾으라고 하면 단연 '이생망'이다. '이번 생은 망했어!'의 줄임말이다. 처음에는 20~30대 젊은 층에서 주로 사용했으나, 지금은 국민적인 유행어로 자리 잡았다. 자기 나름대로 아무리 노력해도 도무지 희망이 보이지 않는 상태를 표현할 때 쓰인다. 다시 태어나지 않는 한 어려운 처지가 바뀔 가능성이 거의 없다는 절망을 담고 있다. 워낙 보편적으로 쓰이다 보니 이제는 자기 얼굴이 마음에 안 들거나 기대한 만큼 성적이 나오지 않을 때도 불쑥 튀어나오곤 한다. 이때도 본래의 의미는 여전하다. 한국처럼 외모를 능력으로 여기는 '외모 지상주의'가 판을 치는 사회에서는 비호감 얼굴과 지나치게 작은 키 등에 절망을 느끼기가 더욱 쉽다. 성적도 마찬가지다. 한국은 어느 대학을 가느냐가 인생을 결정하는 입시 지옥이기도 하다. 성적은 초등학교와 중학교부터 누적되어온 결과이기에 마음을 고쳐먹고 한두 해 노력한다고 해서 바뀌지 않는다. 절망적인 심정이 되어 이생망을 외칠 수밖에 없는 상황이다.

자신에게 닥친 절망의 감정을 표현하는, 이생망과 비슷한 유행어가 있다. 우리에게 십여 년 전부터 익숙한 '삼포세대' 혹은 'N포세대'가 그렇다. 삼포세대는 연애·결혼·출산을 포기했다는 의미다. 여기에 취업과 내 집 마련까지 포기한 '오포세대', 건강과 외모 포기도 더한 '칠포세대', 인간관계와 희망도 포기했다는 '구포세대'까지 있다. 그리고 이 모두를 포함하여 N포세대라고 부른다. 연애·결혼·출산·취업·집·건강·외모·인간관계·희망 등은 대부분 돈과 관련된다. 따라서 '취업'이 가장 중요한 고리 역할을 할 수밖에 없다. 그런데 갈수록 취업과 관련된 사회적 상황이 나빠지고 있다.

실제로 지난 몇 년 사이에 고용노동부에서 개최하는 '실업급여 설명회'에 참여하는 사람들이 급증하는 추세다. 취업했다가도 얼마 지나지 않아 다시 실업자 신세가 되는 사람들이 빠르게 증가한다는 뜻이다. 장기간 안정적인 일자리가 없을 경우 가정을 꾸리기도 어렵고, 건강과 인간관계를 챙기기도 어렵다. 심지어 인류 역사에서 부모 세대보다 자식 세대가 더 가난해지는 첫 상황이라고 하지 않는가. 최초라고 단정하기는 어렵겠지만, 적어도 극히 드문 상황이라는 점은 분명하다. 미래에 대한 희망이 보이지 않으니 망한 삶밖에 기다리는 게 없다는 탄식이 나온다. 결국 이생망은 삼포세대의 절망적 신음이다.

세계 청년들의 깊어가는 신음

이는 한국 청년만의 특이한 현상이 아니다. 극심한 경기침체와 고용

불안이 이어지면서 지난 20년 동안 전 세계적인 문제로 이어졌다. 유럽은 현재의 청년을 흔히 '1,000유로 세대'라 부른다. 실업이 확대되고 저임금 비정규직 혹은 임시직을 벗어나기 어려운 상황에서, 1,000유로로 한 달을 살아가야 하는 처지를 빗댄 의미다. 원화로는 약 130만 원에 해당한다. 서유럽보다 사정이 더 어려운 남유럽의 경우 '700유로 세대'로 불린다. 비슷한 의미에서 '이케아 세대'라는 말도 있다. 다만 비교적 교육 수준이 높음에도 불구하고 희망적인 미래를 기대할 수 없다는 점에서 차이가 있다. 스웨덴 가구 회사인 이케아 제품은 가격 부담이 적기 때문에 일정 기간 쓰고 버리는 경우가 많다. 마찬가지로 현재의 유럽 청년도 비록 일정한 학력을 갖췄더라도 주로 단기채용이나 시간제 노동을 해야 하는 처지인 경우가 많기에, 직장에서 언제 버려질지 모른다는 의미를 담고 있다.

미국에서는 '밀레니얼 세대'라는 표현이 자주 쓰인다. 처음에는 대학 진학률이 높고 정보기술 관련 기기와 프로그램 이용에 능통한 새로운 세대를 가리켰다. 하지만 2008년 세계금융위기 이후 장기간의 고용 악화를 겪으며 불행을 경험한 청년을 상징하는 말이 되었다. 부모 세대보다 더 큰 잠재력을 지녔음에도, 경기침체·고용불안 등 경제 상황 악화로 현실에서는 부모보다 더 많은 부채에 시달린다. 그 결과 한국의 삼포세대와 유사하게 결혼과 집 장만을 무작정 미루거나 포기하는 경향을 보인다. 미국 언론은 이들을 '미국 역사상 가장 불운한 세대'로 부른다.

중국에서는 '탕핑족'이 비슷한 의미를 지닌다. '탕핑'은 중국어로

'드러눕다'라는 뜻이다. 아무리 열심히 일해도 그에 합당한 물질적 보상을 받지 못하면서 생겨난 말이다. 이들은 어차피 경제적 어려움은 쉽게 극복하기 어려울 거라고 여기며 고정된 직장을 포기한다. 결혼과 내 집 마련도 마찬가지다. 임시직이나 시간제 노동을 하며 생계에 필요한 최소한의 수입으로 살아갈 뿐 그 외에는 아무것도 하지 않는다는 특징이 있다. 일본에는 '오야가차'라는 신조어가 곤란에 처한 청년의 사정을 담고 있다. '오야가차'는 일본어로 부모를 뜻하는 '오야'와 장난감 뽑기 게임기를 가리키는 '가차'의 합성어다. 현재 일본의 청년들이 부모에게 의지한 채 살아야 하는 현실을 반영한다. 고용 사정이 좋지 않아 성인이 되어서도 경제적으로 독립하지 못한 채 부모에게 의존해야 하는 것이다. 한국에서도 취업을 못 하고 부모에게 기대는 자녀를 '빨대족'이라 하는데, 비슷한 의미라고 보면 된다.

유럽의 여러 나라 가운데 프랑스에서는 최근 '희생당한 세대'라는 독특한 표현이 단기간에 널리 퍼지는 중이다. 세계금융위기 이후 오랜 기간 이어져 온 경기침체에 더해, 최근 코로나19 대유행에 따른 위기까지 겹치면서 청년들의 고통이 증가했다. 이로 인해 학업·대인 관계는 물론이고, 나아가 취업·사회복지의 기회까지 빼앗겼다고 여긴다. 프랑스 통계청에 따르면 몇 년 사이에 20대의 소득 감소 폭이 다른 연령대와 비교했을 때 약 두 배에 이른다.

프랑스 주요 일간지의 여론조사에 의하면 응답자의 85%가 '스스로 희생당한 세대라고 생각'한다. 이에 따라 국가가 청년만 희생시키고 책임은 지지 않는다며 정부에 반발하는 거리 시위가 자주 벌어진

다. 위 사진을 보면 청년들이 '나는 환영받지도 못하고 희생도 요구당하는 세대입니다'라는 문구가 적힌 피켓을 들고 있다. 거리를 가득 메운 청년들의 표정에 절망감과 분노가 동시에 보인다.

'희생당한 세대'와 '삼포세대'의 차이

나라마다 표현은 다르지만, 개인의 의지만으로는 극복하기 어려운 구조적인 불평등을 반영한다는 점에서 현재 전 세계 청년 세대가 겪는 어려움은 공통적이다. 과거에는 빈곤을 당사자의 게으름이나 노력 부족 탓이라고 보는 논리가 상당한 위력을 발휘했다. 하지만 지난 수십 년 동안 개인, 특히 청년의 삶은 수렁이 발을 잡아당기듯 계속 하락했다. 여러 계기가 가속도를 높이는 방향으로 작용한 것이다.

먼저 20세기 후반 이후 미국과 유럽에서 시작해 세계를 지배하는 신자유주의 정책이 기존의 빈부격차를 더 벌렸다. 여기에다 시장에서의 약육강식 경쟁에 개인의 운명을 맡기는 정책이 이어졌다. 돈과 권력의 지원을 받는 자본의 이익은 늘어나는 반면, 노동자와 사회적 약자에게는 일방적으로 불리한 경쟁 체제가 형성됐다. 그 결과 해가 갈수록 양극화가 심해졌고, 학생과 청년의 신음도 커졌다.

2008년 미국에서 촉발되어 세계로 파급된 세계금융위기는 청년의 발목을 더 잡아끄는 작용을 했다. 엎친 데 덮친 격으로 2020년 코로나19 대유행이 시작되면서 수많은 국가에서 전대미문의 봉쇄정책을 취하고 세계 공급망이 교란되어 경기침체의 골이 깊어졌다. 취업을 준비하던 학생과 청년이 극심한 타격을 받았다.

그런데 같은 절망이라 표현해도 한국의 '이번 생은 망했어'나 '삼포세대'와 프랑스의 '희생당한 세대'에는 적지 않은 차이가 있다. '희생'은 자신의 의지나 노력과 무관하게 다른 요인에 의해 현재의 처지로 내몰렸다는 인식을 전제로 한다. 당면한 실업·빈곤·암울한 미래 등과 같이 절망을 야기한 그 원인이 사회가 강요한 열악한 상황에 있다는 자각인 셈이다. 프랑스에서 희생당한 세대가 공감받는 유행어가 되었다는 것은 그만큼 집단적으로 그 부분을 자각하고 있음을 의미한다. 집단이 현실의 고통을 사회구조적인 문제로 이해할 때 그 속에서는 자연스럽게 저항 의지가 자라난다. 프랑스 청년들이 정부에 항의하기 위해 거리 시위에 나선 데는 이러한 인과관계가 있다.

이에 비해 이생망이나 삼포세대에는 다분히 개인적인 의미가 강하게 담겨 있다. 내가 망하고, 내가 포기한다는 것이다. 관심이 사회로 확장되기보다는 개인으로 향한다. 집단적인 자각의 가능성도 약하다. 비록 '세대'라는 표현이 붙어 있지만 기본적으로 '나의' 연애·결혼·출산·취업·희망이고, '나의' 삶이다. 나아가 저항의 의미도 약하다. '망했어'나 '포기'는 분노보다는 좌절에 가깝다.

한번 내뱉는 말에 지나친 반응 아니냐고 할지 모르겠다. 하지만 말이 정신과 삶의 태도에 미치는 영향은 우리의 통념과 달리 간단하지 않다. 20세기 후반 이후의 현대철학을 대표하는 프랑스 철학자 질들뢰즈$^{Gilles\ Deleuze}$가 《프루스트와 기호들》에서 주장한 다음 내용은 곱씹어볼 만하다.

"사유하도록 강요하는 것은 바로 기호다. 기호는 우연한 마주침의 대상이다. 그러나 마주친 것, 즉 사유 재료의 필요성을 보장해주는 것은 분명히 기호와의 그 마주침의 우연성이다. (중략) 사유가 기호를 펼칠 힘, 기호를 하나의 관념 속에서 전개시킬 힘이 있다면 그것은 관념이 감싸여지고 둘둘 말린 상태로 이미 기호 안에 있었기에 그럴 수 있는 것이다. 관념은 사유하도록 강요하는 기호의 숨겨진 어두운 상태 속에 있기 때문이다. (중략) 기호는 지성, 기억력 혹은 상상력 같은 능력을 동원하고 강제로 활동시킨다."

우리는 흔히 말은 생각을 표현하는 수단일 뿐이라고 여긴다. 중요한 것은 생각이라고 보는 것이다. 이생망이든 삼포세대든 희생당한 세대든 말에 불과하므로 그 의미에 차이가 있다고 한들 그 말들을 받아들이는 우리의 생각은 별반 달라지지 않을 테니 괜한 우려라는 논리도 가능하다. 그러나 위에서 언급했던 들뢰즈에 따르면 우리의 생각은 그리 자율적이지 않다. 생각은 기호, 즉 언어의 강요에 의해 촉발되고 전개된다. 다시 말해, 생각은 자체의 재료와 힘으로 움직이는 게 아니다. 말에 의존해 생각하는 것이다. 생각은 주인이기보다는 말의 포로 역할을 하는 경우가 많다. 이는 머릿속으로 무언가를 떠올려보면 바로 이해할 수 있다. 배고픔이나 뜨거움 같은 단순한 감각 반응이 아닌 이상 생각을 이어나가는 길목마다 특정한 언어가 자리 잡고 있기 때문이다.

　　논리적으로 구성된 언어의 조합만 영향력을 갖는 게 아니다. 유행어처럼 의도치 않게 우연히 마주친 언어가 생각을 일정한 방향으로 유도하기도 한다. 차라리 그 말이 의미하는 바가 명확하다면 조금 더 분별하는 게 가능하다. 생각의 주요 재료나 방향으로 받아들일지, 아니면 거부할지 판단하기가 더 쉽다. 하지만 말이 갖는 의미가 '숨겨진 어두운 상태', 즉 모호하거나 가면을 쓴 채 가려져 있다면 무심코 받아들이게 된다. 유행어가 생각에 작용하는 방식도 '둘둘 말린 상태'로 다가오는 경우가 많다. 은유적인 표현, 재미를 위한 과장, 언어유희를 위한 변경 등을 통해 의미가 숨겨진 채 우리의 생각에 스며든다. 게다가 유행어는 일상에서 수시로 사용한다는 특징도 있다. 당연히 어떤 말이든 자주 사용하면 그것이 생각에 미치는 영향력도 커질 수밖에 없다.

이생망과 삼포세대에 사회적인 의미나 저항의 가능성이 전혀 없다는 뜻이 아니다. 다만 청년이 절망스럽게 맞닥뜨리고 있는 유사한 현실을 표현한 프랑스의 희생당한 세대와 비교할 때 상대적으로 그러한 면이 있다는 뜻이다. 그러므로 말과 생각의 관계, 현실과 이에 대응하는 태도의 관계에 대한 각별한 주의가 필요하다. 이 유행어가 생각의 방향을, 절망 상태를 어쩔 수 없는 운명으로 받아들이거나 기본적인 욕구를 포기하는 방향으로 이끌지 않도록 경계해야 하지 않을까.

뭐
재미있는 거
없나?

"요즘 뭐 재미있는 거 없을까?"

어느 자리에 가든 대화를 나누다 보면 한두 사람이 툭 던지는 말이 있다. "뭐 재미있는 거 없을까?" 이 질문은 나이와 계급을 가리지 않는다. 웃음이 헤픈 나이인 청소년도 친구들과 만났을 때 따분한 표정으로 저 질문을 던진다. 취업 준비에 여념이 없는 청년이나 바쁜 직장 생활에 시달리는 중장년층은 더 말할 나위가 없다. 이들의 마음과 표정을 전형적으로 담아낸 그림이 있다. 프랑스 화가 알베르 기욤^{Albert Guillaume}의 〈막간극〉이다. 이 그림은 연극 공연을 찾은 관람객에 시선을 둔다. 극 전개에 열중하는 사람들을 그리는 경우가 더 흔한데 말이다. 기욤은 사실적으로 묘사하면서도 유머가 담긴 캐리커처와 포스

알베르 기욤, <막간극>, 1915.

터를 즐겨 그렸던 화가답게 이 그림에서도 역시 다른 화가들이 주목하지 않는 순간을 포착했다.

　이 그림은 본 공연이 아닌, 막간극 시간의 관람석 모습을 보여준다. 막간극은 본 공연의 진행이나 내용과 상관없이 막과 막 사이 또는 그 전후에 공연되는 아주 짧은 극이다. 현대 공연에서는 거의 사라졌지만 예전에는 자주 볼 수 있었다. 다음 장면에 필요한 무대를 재정비하기 위해 10분 정도 짧게 진행되었다. 비는 시간을 채우는 동시에 관객의 긴장을 풀어주는 목적이었다고 보면 된다. 다시 그림으로 돌아가보자. 그림 속 관객은 하나같이 따분한 표정이다. 조금이라도 재미가 있었으면 단 몇 명이라도 지켜볼 텐데, 어느 한 사람 무대로 시선을 향하지 않는다. 여성들은 가방에서 실과 바늘을 꺼내 뜨개질을 하며 시간을 죽이는 중이다. 남성들은 더 무료한 표정이다. 한 사람은 신문에 얼굴을 파묻고 있지만 그리 대단한 기사를 보는 건 아닌 듯하다. 입을 크게 벌리고 하품을 하는가 하면, 아예 의자에 기대어 조는 사람도 있다.

그림 속 관객들이 느끼는 따분함이 막간극에서만의 일이라면 다행일 것이다. 막간극이 끝나고 다시 본공연이 이어질 때 눈을 반짝이며 빠져들 수 있다면 말이다. 만약 본공연도 재미가 없다면 어떨까? 그러면 아예 하루를 망친 기분이 들기 마련이다. 공연이 아닌 다른 것에서 재미를 찾는 수밖에 없다. 하지만 공연뿐 아니라 일상의 어느 부분에서도 재미를 느낄 수 없다면 어찌해야 하는가?

그럴 때 "뭐 재미있는 거 없나?"라고 묻는다. 물론 이 질문은 묻는 사람만 향하지 않는다. 이런 질문을 받았을 때 마땅한 대답을 찾기 어려운 경험을 해본 적이 있을 것이다. 여기서 더 심각해지면 이제 무엇을 하든 재밌다고 쉽게 느끼지 못한다. 일에 몰두하여 눈코 뜰 새 없이 바쁘게 지내면 벗어날 수 있으리라 기대해보지만 큰 효과가 없을 때도 많다. 사람이 기계나 컴퓨터가 아닌 이상 아무리 바빠도 곳곳에 틈새가 있다. 그 짧은 시간에 문득 무료함이 찾아들 수 있다. 특히 밤이 되면 틈새가 더 벌어지기 마련이다. 그때 '뭐 재밌는 거 없나?'라는 물음이 자신을 향한다.

수다의 인문학

왜 사는 게 재미가 없을까?

사람마다 취향과 인생관이 다르기에 재미를 느끼는 계기에도 차이가 있다. 어떤 사람이 무료함을 느끼는 조건 속에서 누군가는 즐겁게 보낼 수 있다. 그렇지만 대다수의 사람이 자신의 일상에 재미를 느끼지 못한다면 그것은 개인적인 요인에서 비롯된 것이라고 보기 어렵다. 재미의 여부가 일정하게 개인의 선택을 넘어선 사회적인 요인과 맞물려 있다고 봐야 한다. 영국 철학자 버트런드 러셀^{Bertrand Russell}의 《게으름에 대한 찬양》은 이와 관련한 내용을 담고 있다.

"여가의 현명한 이용은 문명과 교육으로 가능하다. 평생 장시간 일해 온 사람이 갑자기 일하지 않게 된다면 따분해질 것이다. 그러나 사람은 상당한 양의 여가 없이는 최상의 많은 것에서 차단된다. (중략) 현대의 인간은 모든 일이 다른 어떤 목적을 위해 행해져야 한다고 생각하며 그 자체를 목적으로 일하는 법이 없다. (중략) 농부들의 무도회는 외진 시골을 제외하곤 사라졌지만, 그들을 도야시켜 주던 그 충동은 여전히 인간의 본성 속에 남아 있음이 분명하다. 도시 사람들의 즐거움은 대체로 수동적인 것으로 되어버렸다."

러셀에 의하면 일단 상당한 양의 여가가 없을 때 따분함이 찾아온다. 장시간 노동에 시달리면 노동 자체도 힘들지만 이어지는 여가에서도 즐거움을 누리기 어려워진다. 통념과는 상당히 거리가 있는 주장이다. 우리는 흔히 일과 여가를 물과 기름처럼 섞일 수 없는 무엇으로 여긴다. 일이 많으면 이어 찾아오는 여가가 더욱 큰 쾌감을 선사한다고 믿는다. 하지만 실제 삶에서 일과 여가의 관계는 정반대로 나타난다.

미국 플로리다의 세인트피터즈버그에 위치한, 초현실주의 화가 살바도르 달리Salvador Dali 미술관에 있는 벤치는 일과 여가에 대한 흥미로운 발상을 준다. 이 벤치는 달리의 그림 〈흘러내리는 시계〉에서 영감받아 만든 의자라고 한다. 벤치 뒤로는 미술관 건물이 보인다. 미술관에서 달리 작품을 관람하거나 정원을 산책하다 잠시 쉴 수 있는 것이다. 달리 미술관에 맞게 작품 속 이미지를 활용했다.

달리 미술관에 있는 벤치.

수다의 인문학

벤치의 시계는 마치 더운 한낮의 아이스크림처럼 녹아내리고 있다. 온종일 일에 시달리느라 파김치처럼 늘어져 있는 우리 몸을 보는 듯하다. 시계는 시와 분 단위로 일정하게 움직인다. 정해진 규칙 속에서 배치되는 노동과 비슷한 성격을 지닌다. 그런 점에서 시계는 통제된 일정을 따라야 하는 노동과 연결해볼 수 있다. 한편 사무실 의자와 다르게 잔디 근처에 놓인 벤치는 휴식을 상징한다. 대체로 공원이나 산책로에 설치해서, 바쁜 일상에서 벗어나 휴식을 위해 사용되니 말이다. 그런데 달리 미술관 벤치에서는 시계뿐 아니라 벤치도 흐느적거리며 제 무게를 지탱하지 못한다. 다리를 다친 사람이 목발에 의지하듯이 받침대에 의지한 채 겨우 버티고 있다. 심지어 벤치 양쪽의 구조물 중 한쪽도 녹아내린 상태다. 이 벤치를 통해 장시간 노동으로 낮의 시간에 지쳐서 여가가 생겼을 때 생기가 돌기보다 축 늘어지는 모습을 연상해볼 수 있는 것이다.

실제로 장시간 노동이 이어질 때 여가는 일을 위한 충전의 의미에 머문다. 재미를 느끼기 위해서는 능동적인 활동으로서의 여가가 필요하다. 하지만 늘 일에 지쳐 있는 상태라면 여가는 충전을 위한 휴식에서 벗어나기 어렵다. 그 결과 러셀의 지적처럼 현대 도시인들의 여가는 주로 '수동적인 것'에 머문다. 텔레비전·영화를 보거나 야구·축구 등 스포츠 경기를 관람하는 방식이다. 혹은 외식을 하거나 술을 마셔 알딸딸한 기분을 느끼는 것으로 대신한다. 이튿날 다시 길게 일을 해야 하기에 마음 놓고 마시기도 어렵다. 이러한 상태에서는 충분한 재미를 기대하지 못한다. 설사 일정한 재미를 느끼더라도 지극히 일시적이고 일회적이다.

　게다가 여가가 일을 위한 충전의 성격에 머물 때는 재미를 느낄 수 있는 만큼 마음껏 즐기지 못한다. "현대의 인간은 모든 일이 다른 어떤 목적을 위해 행해져야 한다고 생각"하기 때문이다. 재미 자체를 목적으로 삼을 때 재미가 찾아온다. 그런데 현대인들은 십여 년에 이르는 제도교육을 받을 때는 물론이고, 이후 직장생활에서도 생산적인 목적을 가져야만 의미가 있다고 배워왔다. 심지어 금욕주의에 가까운 도덕률에 사로잡혀 더 많은 일을 하지 못하면 불안감이 스며든다. 그 결과 재미 자체를 목적으로 긴 시간을 보냈던 경험을 충분히 갖지 못한다. 오히려 재미에 빠져 있으면 무언가 자신이 잘못하고 있다는 죄책감까지 든다. 일 중심의 사고와 삶의 방식에 찌들어 있으니 여가를 통해서도 재미를 느끼는 게 어렵다.

일상의 즐거움을 위하여

평소 여가에서도 재미를 느끼지 못하는 이들은 파격적인 일탈에서 해법을 찾기도 한다. 한국의 유명한 밴드인 자우림의 노래 <일탈>은 이러한 욕구를 반영한다. "매일 똑같이 굴러가는 하루"거나 "하는 일 없이 피곤한 일상"이어서 "지루해 난 하품이나 해"라고 토로한다. 그래서 우리가 '뭐 재미있는 거 없나?'라고 묻듯이 이 노래에서는 "뭐 화끈한 일, 뭐 신나는 일 없을까?"라고 묻는다. 어딘가 도망칠 곳, 무언가 색다른 것을 찾는다. 노래는 나름의 해법을 파격적인 일탈에서 구한다. "할 일이 쌓였을 때 훌쩍 여행을, 아파트 옥상에서 번지점프를, 심도림역 안에서 스트립쇼를" 하거나 "머리에 꽃을 달고 미친 척 춤을, 선보기 하루 전에 홀딱 삭발을, 비 오는 겨울밤에 벗고 조깅을" 하면 짜릿하지 않겠냐고 한다.

물론 사람들이 붐비는 지하철역에서 스트립쇼를 하거나 겨울비 내리는 밤에 옷을 벗고 조깅하는 일은 노래 가사가 지닌 문학적 과장으로 볼 일이다. 어쨌든 일탈은 평소에 전혀 생각해본 적 없는 파격적 행위를 한다는 점에서 짜릿한 흥분의 경험을 준다. 하지만 일탈의 성격상 인생 전반에서 한두 번 경험하는 데 그치기 마련이다. 다른 종류의 일탈을 끊임없이 찾을 수도 없는 노릇이다. 아주 짧은 순간만 흥분을 동반한 재미를 느낄 뿐이다. 일상적인 재미가 아니다. 사는 게 재미있으려면 즐거운 경험이 일정하게 지속성을 지녀야 한다. 일상생활 속에서 손쉽게 접할 수 있어야 한다. 일상과 지나치게 무관한 행위라면 일회적인 경험에 머문다. 그래도 일탈의 특성에서 참고할 만한 요소는 있다. 적어도 매일 똑같이 굴러가는 하루에서 벗어나야 한다는 점, 그리고 어느 정도의 충동을 담고 있어야 한다는 점이다.

보통 직업은 합리성·효율성처럼 이성적인 태도와 깊이 연관된다. 생각과 행동이 이성의 틀 내에 있을 때 우리의 일상을 규제하는 일의 관성에서 자유롭기 어렵다. 재미는 이성보다는 감성·충동과 긴밀하게 연결되어 있다. 그러한 의미에서 러셀이 "농부들의 무도회는 외진 시골을 제외하곤 사라졌지만, 그들을 도야시켜 주던 그 충동은 여전히 인간의 본성 속에 남아 있음이 분명하다"라고 한 말의 의미를 파고들 필요가 있다.

전통사회 속 농부들의 무도회는 플랑드르 화가 피터르 브뤼헐 Pieter Brueghel의 <농부의 춤>에서 그 특징을 엿볼 수 있다. 브뤼헐은 당시 농민의 삶에 밀착해 살던 화가였으니 과거 유럽 사람들의 삶을 이해하는 데 큰 도움이 된다. 브뤼헐은 농부들이 마을에서 춤추며 축제를 즐기는 장면을 자주 담았는데, <농부의 춤>도 그 가운데 하나다.

그림의 왼쪽에는 수염이 덥수룩한 남자의 백파이프 연주에 맞춰 사람들이 몰려나와 신나는 춤판을 벌이는 중이다. 일 년에 한두 번 성대하게 열리는 축제가 아니다. 악기도 하나고, 대부분 평상복 차림인 것으로 봐서 마을 단위에서 자주 열리는 작은 무도회가 아닐까 싶다.

피터르 브뤼헐, <농부의 춤>, 1568.

수다의 인문학

큰 탁자 주변에는 사람들이 모여 술을 마신다. 몇몇은 벌써 거나하게 취했는지 얼굴이 붉고 소란스레 떠드는 모습이다. 중앙에서는 여러 남녀가 쌍을 맞춰 흥겨운 춤을 춘다. 오른쪽에는 뒤늦게 춤판에 들어가기 위해 손을 잡고 헐레벌떡 뛰어가는 커플도 보인다.

그림에는 일상의 따분함을 넘어 즐거움을 주는 몇 가지 요소가 나온다. 먼저 뒤편으로 교회가 보이고 맨 오른편 나무에는 성모 마리아와 아기 예수의 그림이 있다. 그런데 이것들은 종교적인 엄숙함과 거리가 있다. 당시 유럽에서 기독교는 개인 내면에 자리한 믿음의 영역을 넘어 사회를 지배하는 강제 규칙이자 엄격한 도덕률이었다. 그런데 달려가는 남자가 지푸라기를 겹쳐놓은 십자가를 밟고 있다. 평소의 일상을 지배하는 규칙과 엄숙함에서 벗어날 때 즐거움이 자신의 얼굴을 보여준다는 점을 암시하는 것이다. 또한 술을 마시는 행위는 합리적 사고로서의 이성의 끈을 느슨하게 하거나 내려놓고 감정의 지시에 맡기는 상태다. 춤도 마찬가지다. 남의 시선에 신경 쓰고 체면을 중시하면 선뜻 춤판에 나서지 못한다. 이성에 속박되어 있던 '정신줄'을 풀어 놓아야 스스럼없이 춤사위에 몸을 맡길 수 있다. 탁자 뒤로 남녀가 서로 부둥켜안고 키스하는 장면도 마찬가지다. 인간의 본성에 자리 잡은 감성·욕구에 충실함을 보여준다. 나아가 춤이나 사랑은 '수동적'인 행위가 아니다. 스스로 감성·욕구에 충실한 주체로서 선택하고 참여해야 누릴 수 있는 경험이다.

우리에게 '카니발'로 잘 알려진, 유럽 대부분 지역에서 폭넓게 즐기던 축제인 '사육제'도 비슷하다. 남녀의 뜨거운 열정과 사랑을 담은 연극 공연, 소란한 외침과 사람을 물에 빠뜨리는 격한 장난 등은 일시에 중세의 엄숙한 분위기를 깨뜨리는 역할을 했다. 이때 가면을 쓰고 참여하는 경우가 많았는데, 서로 누구인지 알 수 없기에 도덕적 금기를 느슨하게 만드는 자유로운 분위기가 만들어졌다. 기독교적 엄숙주의를 뚫고 인간의 감추어진 본능을 마음껏 분출할 수 있는 계기가 된 것이다. 음악·미술·문학 등 예술을 접하며 느끼는 감성적 만족도 큰 즐거움을 준다. 예술가들에 의해 만들어진 예술작품을 감상하는 즐거움도 있지만, 더 큰 재미를 위해서는 능동적으로 직접 창작의 주체로 나서는 게 효과적이다. 보통 사람들은 자신이 창작과는 무관하다고 여긴다. 그림을 그리거나 연주를 하고, 혹은 무언가 글을 쓰는 행위를 떠올리면 고개부터 가로저을 사람이 많다. 예술은 극소수 전문 예술가만의 전유물이 아니다. 창작에 대한 두려움에는 우리가 오랜 제도교육과 사회생활 과정에서 특정 분야의 전문가가 되도록 요구받아 왔기 때문에 생긴 편견이 상당 부분 작용한다. 인류의 예술 행위가 어디 전문가의 손에서 시작했는가. 인간인 이상 누구나 자신의 내면을 다양한 방식으로 표현하고 싶다는 욕구를 지니며, 이는 얼마든지 가능하다.

　나아가 러셀은 "여가의 현명한 이용은 문명과 교육으로 가능하다"라고 했다. 우리는 학교에서나 사회 어디에서나 공부하고 일하는 방법은 배웠지만 노는 방법에 대해서는 배운 적이 거의 없다. 참으로 아이러니하고 어리석은 일이다. 즐거움은 일보다 여가에서 오는데도 불구하고 정작 즐거워지기 위한 교육은 없으니 말이다. 그 결과 "평생 장시간 일해온 사람이 갑자기 일하지 않게 된다면 따분해"지는 상황이 벌어진다. 퇴직 이후 여가를 위한 충분한 시간을 갖게 된, 노년을 앞두거나 접어든 사람들의 모습을 떠올리면 금방 이해가 갈 것이다. 일을 그만둔 순간 무엇을 해야 할지 갈피를 잡지 못하고 당황하는 사람이 흔하다. 텔레비전을 시청하며 시간을 보내거나 습관처럼 공원과 주변의 산을 찾는 경우도 흔하다. 최저 임금 수준의 직업을 찾아 다시 노동 현장으로 돌아가는 일도 있다.

직업을 위한 교육이 중요한 만큼이나 인간이 행복해지기 위한 여가 교육도 절실하다. 어떤 분야에서 재미를 느끼기 위해서는 충분한 시간을 들여 습득하는 과정이 필요하기 때문이다. 관람을 넘어 예술이나 스포츠 분야에 직접 행위 주체로 참여하기 위해서는 더욱 그러하다. 일차적으로 사회 차원에서 대책을 마련하는 게 필요하다. 하지만 그때까지 자신의 즐거움을 미룬다면 바보짓이다. 먼저 민간 차원에서의 여가 교육 프로그램을 마련해야 하지만 더 근본적으로는 자기 스스로 찾아야 할 일이다.

문화흥미로운 듣우는 수다

벼룩시장*에서
문화를
만나다

산책하는 기분으로 벼룩시장을 찾다

기분 전환을 위해 서울에 위치한 동묘 벼룩시장을 찾는 사람들의 이야기가 들린다. 각종 SNS에도 벼룩시장에서 '득템'했다는, 즉 원하던 물건을 아주 싸게 샀다는 글이 심심치 않게 올라온다. 특별히 어떤 물건을 구하기 위해 벼룩시장을 찾는 경우도 있겠지만, 다양한 볼거리가 주는 즐거움을 기대하며 찾아가는 경우도 많다. 벼룩시장은 과거에 가난한 서민들이 주로 찾는 곳이었다. 워낙 많은 중고품을 팔고 있으니 눈썰미 있게 살피고 운까지 따라준다면 푼돈으로 큰 만족을 얻을 수 있기 때문이었다. 특히 동묘 벼룩시장은 탑골공원에 모여 있던 노인들이 얄팍한 주머니 사정 때문에 주로 찾는다는 점에서 '어르신들의 홍대'로 불리기도 했다.

　그러다 최근 십여 년 사이 동묘 벼룩시장도 상당한 변화를 맞았다. 각종 텔레비전 프로그램에서 유명 연예인들이 그곳을 방문하여 이삼만 원으로 여러 벌의 옷을 사는 모습이 몇 차례 방영되는 게 계기가 되어 다양한 세대가 즐겨 찾는 명소로 탈바꿈한 것이다. 이에 더해 10~20년 전에 유행하던 패션이 다시 유행하는 복고열풍이 불면서 청소년부터 청년에 이르기까지 동묘 벼룩시장에 쇼핑하러 가는 젊은 세대도 늘어났다.

　대규모 벼룩시장은 유럽에서 시작됐다. 특히 파리의 '방브 벼룩시장'은 19세기 말부터 시작된 곳으로, 흔히 벼룩시장의 원조로 불린다. 나도 그곳에 가본 적이 있었다. 파리는 유명한 기념물로 가득한 도시지만, 먼저 생활에 녹아 있는 문화를 얕게라도 접하고 싶었기 때

파리의 방브 벼룩시장.

문이다. 실용적인 물건뿐 아니라 오래된 서적이 많이 있다고 하니 비싼 미술 관련 책들을 저렴하게 구할 수 있으리라는 기대도 있었다. 미리 시장의 위치를 꼼꼼하게 확인하고 아침 일찍 숙소를 나섰다. 인근 지하철역에 도착하자 시장을 찾으려고 노력할 필요가 없다는 걸 알았다. 꽤 많은 사람이 방브로 향하고 있어서 따라가기만 해도 충분했던 것이다.

시장은 일단 규모가 놀라웠다. 길을 따라 끝이 보이지 않을 만큼 계속 이어졌다. 한 시간이면 충분하리라 계획했는데 터무니없는 착각이었다. 몇 시간을 둘러봤는데 절반도 보지 못한 것 같았다. 고정 시설을 갖춘 상점은 없고, 간단한 천막을 쳐놓은 후에 그 아래 작은 탁자를 들이고 수십 개의 작은 물건을 늘어놓은 곳이 대부분이었다. 그런데 파리 시민뿐 아니라 관광객이 많이 몰려들었는데도 그리 소란스럽지는 않았다. 요란한 호객 행위가 없었고, 사람들도 조용히 둘러보는 분위기였다. 생각보다 제법 가격이 좀 나가는 물건도 꽤 있어서 가격을 깎기 위해 주인과 흥정하는 소리 정도가 들릴 뿐이었다.

방브 벼룩시장에는 내 시선을 끄는 물건들이 많았다. 여러 분야의 오래된 책, 집 안을 꾸미는 온갖 장식품, 목걸이나 반지 등 액세서리, 소품 크기의 가구, 창작자를 알기 어려운 그림과 조각, 그릇이나 찻잔, 포크나 주방용 칼, 각종 악기와 음반 등으로 가득한 잡다한 물건의 천국이었다. 인상적이었던 건 책에서 도판이 들어가 있는 부분만 한 장씩 떼내 파는 곳이 많았다는 점과 자신이 직접 쓰던 물건을 두어 개 정도씩만 놓고 판매하는 사람이 있다는 점이었다. 후자의 경우를 '다락 비우기'라고 한단다. 물건의 종류나 규모를 고려할 때 전문 상인으로 보이는 경우도 적지 않았다. 자기 물건을 모아 나온 사람이든 벼룩시장을 생계의 주요 수단으로 삼는 사람이든 좌판 한두 개를 듬성듬성 겨우 채울 정도로 아주 소규모인 경우가 꽤 많았다. 무엇보다 구경하는 사람이든 팔려는 사람이든 시장에서의 한적한 시간을 즐기는 분위기였다. 나도 오후가 되어 장이 끝날 때까지 꽤 긴 시간을 산책하는 기분으로 즐겼다. 작은 생활용품이나 장식품을 통해 19세기 후반이나 20세기 초중반의 생활문화 흔적 사이를 걷는 감흥을 누렸다.

유명 관광지에서는 만나기 어려운, 파리의 이른바 '하위문화'를 잠깐이지만 접하는 듯했다. 여기에 더해 사르트르·보부아르·카뮈 등 수많은 사상가나 문인이 요즘 표현으로 '죽돌이'가 되어 매일 글 쓰고 토론하던 카페들이 방브에서 멀지 않은 거리에 있다고 하니, 그들이 기웃거리며 남긴 발자국을 따라 걷는 기분은 덤으로 주어지는 즐거움이었다.

벼룩시장의 매력에 빠지다

벼룩시장은 시장을 뜻하는 마켓에 '벼룩^{flea}'을 붙여 플리마켓이라고 부른 것을 직역한 말이다. '벼룩'이라는 말이 붙은 유래에 대해서는 여러 의견이 있다. 다루는 것들이 벼룩이 들끓을 정도로 오래된 물건이라는 설이 있다. 혹은 프랑스어로 다갈색이란 뜻도 있어 오래된 물건을 가리킨다는 설도 있다. 어쨌든 주머니 사정이 넉넉하지 않은 사람들이 자잘한 중고품을 구매하던 노천 시장이다. 보통은 일주일에 한두 번 주말에 열린다.

　프랑스 방브 외에도 유럽 대도시에는 유명한 벼룩시장이 여럿 있다. 이탈리아 로마의 '포르타 포르테제 벼룩시장'도 그중 하나다. 수십 개에 이르는 이탈리아 벼룩시장 중 가장 규모가 크다. 전체 길이만 1킬로미터에 이른다. 포르타 포르테제는 '이탈리아의 축소판'이라고 불릴 정도로 로마 시민들의 생활과 문화가 묻어 있는 곳이다. 로마를 방문한 외국인의 필수 코스가 되었을 만큼 유명 관광지다. 분위기는 방브와 비슷하다. 상설시장이 아니기에 임시로 설치한 천막이 줄지어 있다. 족히 수천 개는 될 노점마다 특색 있는 물건을 늘어놓고 손님을 기다린다. 의류·가방·화장품·그릇 등 일상생활에서 쓰이는 물건은 기본이고, 일반 상점에서는 좀처럼 보기 힘든 물건도 많다. 각종 책과 제작된 지 백 년은 넘어 보이는 가구, 귀족이 썼을 법한 생활용품, 이탈리아 장인의 솜씨가 묻어나는 공예품 등이 가득하다. 값도 5유로 내외인 것부터 꽤 비싼 것까지 천차만별이다. '이탈리아의 축소판'이라는 비유가 과장처럼 들리지 않는다. 이 벼룩시장에는 특색도 있다. 가죽 가공기술이 뛰어난 이탈리아답게 가죽 제품이 많다. 치즈·와인 등 특산품을 파는 노점도 자주 눈에 띈다. 이탈리아 사람들이 목소리가 크고 억양이 강해서인지 방브보다 더 소란스러운 분위기다.

　영국 런던의 '포토벨로 벼룩시장'도 세계적인 인기를 자랑한다. 파리와 로마의 경우와 마찬가지로 이곳도 걷는 게 어려울 정도로 현

로마의 포르타 포르테제 벼룩시장.

지인과 관광객이 가득하다. 약 3킬로미터에 걸쳐 길거리 양쪽으로 노점이 이어진다. 판매대에 오른 물건은 유럽 대도시의 다른 벼룩시장과 유사하다. 다양한 길거리 음식도 보인다. 특히 앤티크가구를 비롯해 전통 분위기가 물씬 풍기는 다양한 소품 고가구가 유명하다고 한다.

　포토벨로는 영화 <노팅 힐>(1999)로 알려져 있기도 하다. 휴 그랜트가 연기하는 남자 주인공은 시장 한쪽 구석에서 조그마한 여행 서적 전문점을 운영하며 살고 있다. 영화 첫 장면부터 이 시장의 복잡한 거리가 나온다. 주인공은 포토벨로를 이렇게 소개한다. "주말에는 수많은 노점상이 노팅 힐 게이트에 이르는 포토벨로 거리를 꽉 매운 채 골동품을 판다. 가짜가 섞이긴 했지만. 내 삶의 터전인 이곳의 저 파란 대문이 나의 집이다." 그러던 어느 날 줄리아 로버츠가 역할을 맡은 유명 영화배우가 책방 문을 열고 들어와 책을 산다. 노점이 가득한 시장에서 부딪히는 바람에 로버츠의 옷에 커피를 쏟는 데서 두 사람의 인연이 시작된다. 영화 내내 두 사람이 걷고 사랑을 나누는 포토벨로 거리가 눈길을 끈다. 지금은 포토벨로 뒤로 보이는 건물들이 밝은 계통의 다양한 색으로 새 단장을 한 채 관광객을 맞이한다.

스페인 마드리드의 '엘 라스트로 벼룩시장'도 규모가 크고 많은 사람이 모이는 곳이다. 도살장이 있던 곳이 19세기부터 시장으로 바뀐 것이다. 미국 뉴욕의 '헬스 키친 벼룩시장'은 내셔널 지오그래픽에서 세계 10대 쇼핑 거리로 선정된 곳이다. 모두 골동품과 빈티지 의류, 보석과 생활잡화 등 우스갯소리 그대로 없는 것 빼고 다 있다. 시장이 열리는 날이면 세계 각지에서 찾은 사람들이 다양한 언어로 떠드는 소리와 활기찬 흥정 소리를 쉽게 접할 수 있다. 아르헨티나 부에노스아이레스의 '산텔모 벼룩시장'은 열정적인 남미 기질을 담고 있는지 시끌벅적하기로 유명하다. 이곳은 물건만 파는 게 아니라 가수·연주자·행위예술가 등 다양한 예술가들이 버스킹을 통해 사람들과 직접 만나는 공간이다. 특히 탱고 길거리 공연이 주는 흥겨움을 빼놓을 수 없다.

나라와 언어는 다르지만, 세계 대도시를 대표하는 벼룩시장은 대체로 그 나라의 문화적인 향기와 사람들의 취향을 만날 기회를 제공한다. 백화점이나 화려한 쇼핑 거리에서 만나는 사람들과는 사뭇 다르다. 영화나 드라마로는 좀처럼 접하기 힘든, 더 내밀한 삶의 향기가 스며들어 있다.

수다의 인문학

문화와 생활을 만나는 장터를 위하여

서울을 대표하는 벼룩시장은 단연 동묘와 황학동 거리에 있는 것들이다. 나는 이곳에 뒤늦게 찾아간 경우다. 유럽의 벼룩시장에서 깊은 인상을 받은 후에야 한국을 대표하는 벼룩시장에 가볼 생각이 들었던 것이다. 서울의 시민청에서 인문학 강연을 하고 나오던 날 문득 동묘가 떠올랐다. 날이 화창해서 작업실로 돌아가 다시 글과 만나는 일이 따분하게 느껴지기도 했다. 검색으로 정확한 위치를 확인하고 이동했다. 인근 지하철역을 나오는데, 이미 벼룩시장을 찾은 사람들로 가득했다. 입구에 있는 고풍스러운 동묘 담장에서부터 길에 물건을 쌓아놓고 파는 노점이 줄지어 있었다. 두 시간에 걸쳐 시장을 한 바퀴 돌고 나서 느낀 건 한마디로 '옷 장터' 같다는 것이었다. 길바닥에 수

서울의 동묘 벼룩시장.

문화 흥미를 돋우는 수다

북하게 쌓아놓은 옷더미를 뒤적이며 마음에 드는 옷을 열심히 고르는 사람들로 가득했다. 바닥에 펼쳐 놓은 옷들은 대체로 3,000원 내외로 아주 저렴했다. 옷걸이에 걸어 놓은 옷들은 조금 더 비싸서 대략 5,000원에서 1만 원 사이가 많았다. 티셔츠·양복·작업복·운동복·군복 등 종류도 다양했다. 세상의 온갖 의류를 모두 모아놓은 듯했다. 동묘 주변의 여러 크고 작은 골목이 거의 다 비슷한 광경이었다. 5만 원 정도면 원하는 옷을 한 보따리쯤 살 수 있었다. 다양한 소품도 있었다. 특히 황학동 쪽으로 가면 신기한 물건들이 많았다. 황학동 도깨비시장은 온갖 전자·전기·기계 부품과 헌책방으로 유명했던 청계천3가에서 시작한 벼룩시장이다. 그래서인지 전축·LP·진공관·라디오·사진기·타자기·전기공구·손목시계·재봉틀 등은 물론이고 오래된 서적과 장난감도 팔았다. 대신 전통문화의 향기를 풍기는 중고물품을 만나기가 쉽지 않았다. 또한 벼룩시장에 걸맞지 않게 고정된 상점을 두고 장사하는 상인도 많았다. 그러다 보니 일반 재래시장을 가면 흔히 보는 광경을 수시로 만난다. 크기나 모양만 다를 뿐 많은 양의 비슷한 물건을 쭉 진열해놓은 곳이 자주 눈에 들어왔다. 전문 상인이 아닌 사람을 찾아보기 어려울 정도다. 자기가 쓰던 물건을 모아 작은 돗자리에 듬성듬성 놓아둔 사람이 보이기는 했다. 하지만 어쩌다 겨우 보일 만큼 드물었다.

파리의 방브나 로마의 포르타 포르테제가 '벼룩'시장이라면, 내게 서울의 동묘는 벼룩을 명목 삼아 펼쳐진 '시장'으로 기억에 남는다. 우리의 벼룩시장을 방문한 후에 문화적인 경험을 했다고 느끼는 사

수다의 인문학

람이 과연 몇이나 될까? 하긴 인사동조차 문화 흔적을 찾기 어려운 마당에 벼룩시장에 기대를 거는 게 무리일 수도 있겠다. 봄마다 가로수를 가지런하게 다듬고, 멀쩡해 보이는 보도블록도 몇 년에 한 번씩 걷어낸 후 새로 깔고, 낡은 건물을 현대식 고층 빌딩으로 다시 세우고, 청계천을 조명까지 동원하여 화려하게 꾸미기만 하면 과연 걷고 싶은 서울이 만들어질까? 콘크리트 구조물과 인공조명 이외에 다양한 콘텐츠를 고민할 때 문화적인 경험을 할 수 있는 벼룩시장도 고려 대상의 한 부분이 되어야 하지 않을까? 손때 묻은 물건을 통해 사람들이 살면서 만들어내는 다양한 생활 취향을 만나고, 수십 년을 거슬러 올라가 생활문화의 궤적에 공감하는 시장이 서울에도 몇 군데 있었으면 좋겠다.

이를 위해 공공기관이나 시민단체 차원에서 일정한 기준을 갖고 벼룩시장을 조성하거나 지원하는 사업이 시행됐으면 하는 마음이다. 상인이 아니더라도, 평범한 개인이 자신이나 부모 세대부터 쓰던 오래된 물건, 하지만 이러저러한 이유로 지금은 사용할 일이 없는 물건을 모아 주말에 팔러 나가도 전혀 어색하지 않은 장터이자 한 바퀴 돌고 오는 것만으로도 기분 전환이 되는 장터 말이다.

텔레비전과 독서*에서 서성*이다

카페에서 만난 신동엽

"야! 이 책 무진장 재미있겠다!"

　　몇 해 전 카페에서 있었던 일이다. 20대 중후반으로 보이는 몇 사람이 들어와서는 옆자리에 앉았다. 멋진 북카페는 아니었지만, 한쪽 벽 선반처럼 만든 책장에 백여 권의 책이 있는 곳이었다. 주문한 커피가 나오길 기다리던 중 한 사람이 주변을 두리번거리다 책장을 보며 저 말을 툭 던진 것이다. 나는 글쟁이여서인지 책 이야기만 들리면 귀가 솔깃해진다. 책을 격하게 반가워하는 사람을 본 기억이 드문터라 그날은 반가운 마음이 더 컸다. 어떤 책이길래 저토록 반색할까 싶었다. 내 마음을 아는 듯 그 무리 중 한 명이 책꽂이에 있던 책을 꺼낸다. 곧이어 호기심 가득한 눈길로 책장을 뒤적인다.

"에이, 이게 뭐야!"

몇 초 정도나 지났을까. 책 여기저기를 펼치더니 이내 탁자 구석으로 휙 던진다. 다들 실망스러운 눈치다. 공연히 시간만 낭비했다는 듯이 툴툴거린다. 이어서 책에는 아무런 관심이 없는 듯 대화를 나눈다. 이번에는 그 책이 무엇인지 내가 궁금해진다. 한동안 왁자지껄 수다를 떨던 이들이 나가고 나서 슬그머니 책을 집으니《신동엽 전집》이다. 갑자기 맥이 탁 풀린다. 그들이 보인 양극단의 반응이 무엇을 의미하는지 너무나 분명하기에 입가에 쓴웃음이 떠나지 않는다. 개그맨 신동엽의 재치 있는 개그를 모아놓은 전집으로 알고 펼쳤다가 시대의 아픔을 담은 심각한 시가 나오자 덮어버렸던 게 분명하다. 당신도 '신동엽'이라는 이름과 함께 누가 먼저 떠오르는지 생각해보라. 십중팔구 개그맨 신동엽이기 십상이다.

네이버·구글 등 대표적인 포털사이트에서 '신동엽'을 검색하면 가장 먼저 MC·개그맨으로 활동하는 신동엽에 대한 소개가 큼지막하게 나온다. 프로필에는 키와 체중 등 신체 사항에서 시작하여 소속사·가족·학력·데뷔·수상 등 시시콜콜한 내용이 이어진다. 몇 칸을 더 내려가야 시인 신동엽에 대한 간략한 소개를 확인할 수 있다. "동시대에 활동한 김수영과 함께 1960년대를 대표하는 참여 시인으로 평가받는다." 하지만 그뿐이다. 다시 그 아래는 온통 개그맨 관련 기사다.

학생에서 직장인에 이르기까지 독서와 담을 쌓고 사는 현실을 반영한 모습이라고 생각한다. 우리의 독서 현실은 부끄럽다 못해 참

담할 정도다. 이를 확인할 수 있게 해주는 것이 평균 독서량이다. 평균 독서량은 기관에 따라 조사 방법이 다르지만 결과는 비슷하다. 어떤 경우든 한국이 조사 대상국 가운데 거의 최하위 수준이기 때문이다. 신문이나 잡지를 제외하고 책으로 좁혀놓고 보면 더 심각하다. 우리나라 통계청 발표를 봐도 한숨이 나온다. 한국 국민 10명 중 9명은 하루 책 읽는 시간이 10분도 되지 않는다. 연평균 도서관 이용률도 30%를 겨우 넘긴다. 주요 국가의 약 반 정도밖에 안 된다. 그조차 입시나 취직을 위한 목적이다.

물론 독서량 감소가 한국만의 현상은 아니다. 상대적으로 독서와 친근한 유럽과 미국에서도 갈수록 독서 인구가 줄어들고 있다. 문제는 그 가운데서도 한국이 비교할 수 없을 정도로 심각하다는 점이다. 유럽과 미국은 연간 독서량으로 볼 때 한국의 몇 배 이상이다. 사정이 이러하니 신동엽도 중고등학교 교과서에서 그의 시 몇 편을 접한 게 전부일 가능성이 크다.

요즘 같은 세상에 독서를 왜 해야 하느냐며 반문하는 사람도 있을 수 있다. 텔레비전과 인터넷에서 매일 쏟아내는 엄청난 양의 정보를 접하기에도 바쁘다. 신동엽의 시도 검색하면 금방인데 굳이 책까지 펼쳐야 하느냐는 것일 테다.

나는 텔레비전을 본다. 고로 존재한다

만약 농담 중이었다면 시인이 아닌 개그맨을 떠올리는 게 전혀 이상하지 않다. 하지만 '전집'이라는 묵직한 글자가 앞에 놓인 상황이라면 사정이 전혀 다르다. 누가 우리의 마음에서 시인을 빼앗아갔는가? 수많은 사회문화적 요인이 작용했겠지만 여기서 그것들을 늘어놓고 싶은 마음은 없다. 그렇지만 한 가지는 말해보고 싶다. 사람들은 저마다 책을 읽지 '못하는' 이유를 댄다. 대체로 너무 바빠서 책을 볼 여유가 없다고 한다. 학생은 입시, 청년은 취업, 직장인은 업무, 전업주부는 집안일 때문이라는 것이다.

정보통신정책연구원 조사에 따르면 한국인의 평일 하루 평균 텔레비전 시청 시간은 약 세 시간에 이른다. 세대 구성에 따라 약간의 차이가 있다. 부부로 이루어진 1세대 가구가 가장 길고, 다음이 1인 가구다. 조부모·부부·자녀로 구성된 3세대 가구, 부부·자녀의 2세대 가구가 뒤를 잇는다. 하지만 모두 세 시간 언저리라는 점에서 큰 차이가 없다. 한국인의 여가 활동 가운데 부동의 1위도 텔레비전 시청이다. 그다음으로 인터넷·SNS, 게임, 산책 등이 뒤를 잇는다. 그래서인지 어느 집안에서 가족생활의 중심을 차지하는 거실의 가장 중요한 공간을 텔레비전이 차지하는 경우가 많다. 시선의 방향이 텔레비전으로 향하는 구조인 것이다. 게다가 이제는 텔레비전뿐 아니라 스마트폰이 그 역할을 더하고 있다. 포털사이트나 유튜브를 통해 제공되는 드라마나 연예 프로그램은 거의 전적으로 텔레비전에서 방영된 경우다. 데카르트가 "나는 생각한다. 고로 존재한다"라고 했다면, 현대인은 조금 다르게 규정해야 하지 않을까 싶다. '나는 텔레비전을 본다. 고로 존재한다.'

가장 심각한 문제는 프로그램 내용과 상관없이 각종 대중매체가 혼자 있을 시간을 앗아가버린다는 점이다. 도무지 외롭거나 고독할 틈을 주지 않는다. 시각과 청각을 사로잡는 영상의 자극성은 의존을 넘어 중독 상태에 빠트린다. 오죽했으면 가장 가혹한 형벌이 스마트폰 없이 지내게 하는 일이라는 말까지 들리겠는가. 그러니 하루 일과를 마치고 자기만의 공간으로 들어가도 혼자 있는 게 아니다. 경쟁과 복잡한 인간관계로 뒤얽힌 낮의 세계를 대신하는 도구가 여전히 우리를 밖에 묶어놓는다. 헬렌 니어링^{Helen Nearing}은 《아름다운 삶, 사랑 그리고 마무리》에서 "텔레비전은 문명이 만들어낸 공포스러운 물건"으로, 전화를 "어느 때든 부르면 모습을 보여야 하는 하인처럼 사람을 불러대는 방해물이자 훼방꾼"으로 규정한다.

고독하지 않으니 사색이나 시적 감흥이 끼어들 자리도 없다. 대중매체가 조장하는 경쟁과 효율성, 물질적 풍요에 대한 기대가 머리에 가득하다. 단편적인 정보 조각의 집합이 곧 지식이나 지혜라고 착각하며 검색하는 손놀림만 갈수록 빨라진다. 오직 더 많은 자극을 향한 질주만 있을 뿐이다. 가끔 의미 없는 말장난과 웃음으로 경쟁에 지친 마음을 치료하는 듯하지만, 내일의 더 치열한 다툼을 위한 충전기에 불과하다.

고전 읽기는 뿌리를 찾아가는 여행

텔레비전과 스마트폰을 멀리하자는 이야기를 하려는 게 아니다. 균형을 찾는 일이 필요하다는 것이다. 지금은 여가에 균형을 이룬다고 보기 어렵다. 사색이나 문학적 감흥을 통해 내면을 깊고 풍요롭게 하는 독서가 함께 어우러져야 하지 않을까. 이때 인류의 성찰과 지혜를 담고 있는 고전 읽기는 좋은 방법일 수 있다. 이탈리아의 철학자이자 소설가인 움베르토 에코^{Umberto Eco}는 《미네르바 성냥갑》에서 다음과 같이 고전 읽기를 강조한다.

"고전 읽기는 뿌리를 찾아가는 여행이다. 뿌리를 찾는다는 것은 이미 알고 있는 것에 대한 향수 때문이 아니라, 우리가 어느 미지의 근원에서 나왔을 것이라는 모호한 느낌 때문이다. (중략) 고전 작품들을 재발견하는 독자는 바로 수많은 세대 전부터 미국인으로 살아온 사람이 자기 선조에 대해 무언가 알아야 할 필요성을 느끼고, 그것을 자신의 생각·몸짓·얼굴 특징에서 재발견하려는 것과 같다. 고전 작가들이 우리에게 제공하는 또 다른 멋진 것은, 그들이 우리보다 더 현대적이었다는 사실을 깨닫는 것이다."

고전이라고 하면 따분한 표정부터 짓는 사람이 많다. 고리타분한 옛이야기여서 하루가 멀게 변화하는 현대사회에 적합하지 않다고 여긴다. 에코에 의하면 고전은 뿌리를 찾아가는 여행이지만 과거에 머물지 않는다. 고전에는 오래된 책이 많은 게 사실이다. 물론 20세기에 쓰인, 적어도 시기적으로는 현대에 해당하는 것도 있다. 오래되지 않았지만 어떤 한 분야의 이론이나 문제의식을 대표하기 때문에 고전 반열에 오른 경우다. 그렇지만 대부분 짧게는 수백 년, 길게는 수천 년 가까운 오랜 세월을 담고 있다.

하지만 과거를 향한 막연한 향수 때문에 고전을 찾는 게 아니다. 고전에서 통찰한 내용이 "자신의 생각·몸짓·얼굴 특징에서 재발견"할 기회를 주기 때문에 중요하다. 고전에는 인류의 고민과 성찰이 가득하다. 특히 여러 문제에 대한 다양한 고민과 논쟁이 담뿍 담겨 있기에 오랜 생명력을 유지하며 새로운 생각을 자극한다. '그때, 거기'에 머물지 않고 '지금, 여기'의 문제를 깊게 고민하도록 한다. 그러한 의미에서 고전을 읽는 일은 과거와 현재 사이에 균형을 만들어준다. 나아가 독서는 생활 내부의 균형을 잡아준다. 텔레비전을 통한 정신의 이완과 독서를 통한 정신의 긴장 사이에 균형을 잡도록 도와준다. 다시 말해 개그맨 신동엽과 시인 신동엽 사이의 균형 안에서 내적으로 풍요로운 삶을 이루도록 도와준다.

신동엽 시집은 한국 문학의 역사에서 대표적인 고전 반열에 올라 있다. 특히 <껍데기는 가라>는 국어 교과서에 실릴 정도로 유명한 시다.

"껍데기는 가라./ 사월도 알맹이만 남고/ 껍데기는 가라.// 껍데기는 가라./ 동학년 곰나루의, 그 아우성만 살고/ 껍데기는 가라.// (중략) 한라에서 백두까지/ 향그러운 흙가슴만 남고/ 그, 모오든 쇠붙이는 가라."

시는 4·19혁명의 이름을 팔아 처세하려는 껍데기 정치인들은 가라고 말한다. 동학혁명에서 직접 피 흘린 민중의 함성에는 눈을 감고 앙상한 이론으로만 긁적거리는 책상물림도 껍데기일 뿐이다. 또한 분단을 고착화시키려는 군사적 긴장도 흉측한 껍데기라고 한다. 신동엽이 지금 살아 있다면 여기에 어떤 껍데기를 추가할까? 일단 1960년대보다 훨씬 많은 껍데기가 득실거리는 현실에 아연실색했으리라. 썩 꺼져버리라고 호통칠 껍데기 가운데 텔레비전과 스마트폰 중독도 분명 한 자리 차지하리라는 점은 분명해 보인다. 여가의 대부분을 대중매체의 온갖 연예·오락 프로그램 시청으로 채운다면, 자기 정신에 매일 마취제를 집어넣는 꼴이니 말이다. 또한 태어나서 죽을 때까지 오직 타인과 싸워서 앞서는 것만이 살길이라고 주입하는 경쟁 지상주의도 삶을 옥죄고 숨통을 막는 단단한 껍데기라고 질타했으리라. 신동엽은 산문 <서둘고 싶지 않다>에서 "오늘 인류의 외피는 너무나 극성을 부리고 있다. 키 겨룸, 속도 겨룸, 양 겨룸에 거의 모든 행복을 소모시키고 있다. 헛것을 본 것이다"라고 썼다. 이 글이 세상에 나온 지 50년도 더 흘렀으니 그가 느끼던 겨룸, 즉 경쟁의 속도감은 현대인의 감각으로 볼 때 걸음마 수준에 불과할 것이다.

하지만 우리는 미친 듯이 정신과 육체를 뒤흔들어대는 그 헛것을 세상에서 가장 친근한 벗으로 느낀다. 오히려 언제든지 뒤쳐지거나 탈락할지 모른다는 두려움에서 벗어나는 가장 유력한 수단으로 대중매체를 대하며, 거기에 기꺼이 온몸을 맡긴다. 진정 자기 인생의 주인이고자 한다면 고독해져야 한다. 내 안에서 성찰하고 시인의 감성을 만나고자 한다면 외로워져야 한다. 최소한 밤의 시간만이라도 자기 안을 고독으로 채우자.

사랑*으로 사나, 정*으로 살지!

정으로 살고, 의리로 산다

사랑과 결혼 이야기도 사람들 사이의 수다에서 빠질 수 없는 소재다. 아직 미혼이거나 결혼한 지 오래지 않았으면 모를까, 부부가 된 지 10년 정도가 지났다면 입버릇처럼 자연스럽게 하는 말이 있다. "사랑으로 사나, 정으로 살지!" 그런 말을 할 때면 대개 심각한 표정을 짓는 것도 아니다. 대수롭지 않다는 태도에 가깝다. 우리 속담에도 비슷한 말이 있다. "젊어서는 사랑으로 살고, 늙어서는 정으로 산다." 속담에도 있으니 아주 오래전부터 내려온 생각임은 분명하다. 모르긴 해도 조선시대의 남정네 술자리나 아낙네 빨래터에서도 서로 끄덕이며 하던 말이었으리라. 요즘에는 새로운 버전도 들린다. 정으로도 부족한

수다의 인문학

지 한발 더 나아간다. "사랑으로 사나, 정으로 살지. 아니 정으로 사는 것도 아니라 의리로 살지." 조금 더 살벌한 버전도 있다. 정 대신 의리도 아니고 아예 '미운 정'으로 산다는 말까지 생겼다.

미국의 표현주의 화가 브로르 줄리어스 올슨 노드펠트^{Bror Julius} ^{Olsson Nordfeldt}의 <지루한 일요일>에 등장하는 부부도 비슷한 말을 하지 않을까 싶다. 40대 중반쯤으로 보이는 부부가 현관 앞 의자에 앉아 한가한 일요일 낮을 보내는 중이다. 두 사람의 표정은 그들이 오랜 세월 어떤 관계로 지냈는지 보여주는 듯하다.

남편은 완고한 구세대 남성의 전형적인 이미지다. 한마디도 하

브로르 줄리어스 올슨 노드펠트, <지루한 일요일>, 1930.

지 않겠다는 듯 입을 꾹 다물고 신문에만 시선을 고정 중이다. 한참을 이 자세 그대로 앉아 있었으리라. 달리 할 일이나 할 말이 없으니 평소에는 별 관심도 없던 자투리 기사까지 샅샅이 살피는 눈치다. 신문의 마지막 면까지 다 읽고 배가 출출해지면 밥 차리라는 말을 툭 던지겠지.

흔히 한국 경상도 남자들이 퇴근 후 집에서 딱 세 마디만 한다는 우스갯소리가 있다. '아는! 밥도! 자자!' 아이는 뭐 하고 있냐, 배가 고프니 밥 달라, 피곤하니 잠이나 자자는 말 이외에 별다른 대화가 없다는 뜻이다. 이는 특정 지역에만 해당되는 게 아니다. 보수적인 가족 문화 안에서 살아온 남성에게 나타나는 공통 현상이다. 그림 속의 남성도 평소에 살가운 말을 건넨 적이 드문 이로 보인다. 부인 역시 남편에게 말을 건네거나 무언가를 같이할 마음이 없어 보인다. 의자 팔걸이에 걸친 팔에 턱을 기대고 시간을 흘려보내고 있는 듯하다. 한눈에 지루함이 뚝뚝 묻어나는 표정이다. 하늘거리는 원피스를 입고 구두까지 신었지만, 외출 준비를 한 건 아닌지 의자에서 일어날 기색이 보이지 않는다. 특별한 하루를 기대했으나 남편이 신문을 펼쳐 드는 순간 체념했을지도 모르겠다. 게다가 두 사람 사이에 묻어나는 건조함은 어제오늘 일이 아닌 듯한다. 물론 남부럽지 않게 서로 달콤한 사랑의 밀어를 나누고, 다정한 얼굴로 포옹한 날이 있었을 테다. 하지만 어느 정도 세월이 흐른 뒤부터는 지금처럼 서로 시선을 마주하는 것조차 부담스러운 시간이 찾아왔겠지.

과학은 사랑이 지나가는 비처럼 일정 시간이 지나면 효력을 다

수다의 인문학

할 운명을 지닌 감정임을 증명하기 위해 거듭 시도해왔다. 뇌 과학은 인간의 감정을 물질적인 과정으로 설명한다. 사랑을 느끼는 감정도 호르몬 분비에 따른 일시적인 화학작용으로, 사랑에 빠지면 뇌에서 도파민·페닐에틸아민 등의 화학물질이 왕성하게 나온다. 사랑과 성 관련 호르몬에 의해 성적 욕구가 발생하는 단계다. 이로 인해 설렘으로 가슴이 뛰고, 즐거우며 행복한 감정을 느낀다. 그런데 사랑이 이어져 호르몬이 계속 분비되면, 자동 반응으로 대뇌에 항체가 형성되어 호르몬 분비가 줄어든다고 한다. 일종의 내성이 발생하는 단계다. 감정도 무덤덤해지면서 설렘이나 흥분도 잦아든다. 18개월에서 30개월 사이에 효과가 사라지는 것이다. 흔히 이를 사랑의 유효기간이라고 부른다.

연인 사이에 뜨거운 감정이 솟아나다 식어가는 때를 '권태기'라고 한다. 대부분 연애 시작 후 1~2년이 지나면 권태 비슷한 감정을 느낀다. 그래서 연애나 결혼을 시작한 지 일정 기간이 지나면 주변에서 이제 '콩깍지' 벗겨질 때가 되었다고 말한다. 권태기에 들어섰다는 의미다. 그런데 이것은 우연히 찾아오거나 일부에게만 나타나는 현상이 아니다. 신체와 감정을 관장하는 물질 작용의 자연스러운 결과이기에 누구나 겪는 과정이다. 그러나 호르몬 분비가 줄어들거나 사라진다고 해서 곧바로 이별로 치닫지는 않는다. 달콤한 설렘과 뜨거운 열정을 동반하는 감정이 아닌 다른 종류의 감정이 이를 대신한다. 오랜 기간 만나거나 함께 생활하면서 형성된 유대감이나 안정감 등이 관계를 유지할 수 있게 해준다.

꽃은 피어야 하고, 사랑을 표현해야 하고

하루는 진한 커피 생각이 나서 작은 카페에 갔는데, 문득 발길을 멈추게 하는 무언가가 있었다. 작은 칠판 하나가 그림을 그릴 때 사용하는 이젤에 놓여 있었던 것이다. 보통은 칠판에 커피와 각종 음료가 소개되기 마련인데 그곳은 달랐다. 낡은 칠판에는 어느 시인의 시 일부가 쓰여 있었다. "사랑은 표현하고, 꽃은 피어야 하고, 비는 내려야 하고, 바람은 불어야 한다." 온라인에서 종종 소개되는 문장이다. 문득 사진으로 찍어 저장해두어야겠다는 생각이 들었다. 낡은 칠판의 상태와 맞물리면서 지금이 아니면 다시 못 볼 무언가를 접한 느낌이 들었기 때문이다. 칠판을 바깥에 여러 날 두었던 듯하다. 잠시 가랑비를 맞았는

어느 카페의 낡은 칠판에 쓰여 있던 글.

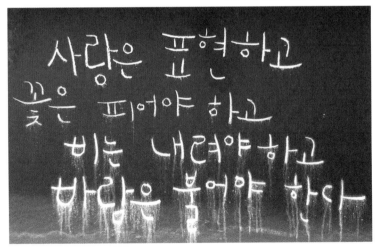

수다의 인문학

지 아랫부분에 빗물이 흘러내린 흔적이 역력했다. 어딘지 '비극'의 냄새가 풍기는 느낌이랄까. 그래서인지 글 내용이 전혀 다른 분위기로 다가왔다. 시인이 의도와는 무관하게, 이 문장은 보통 사랑에 대한 설레는 마음과 희망을 담아 인용하는 문구다. 그런데 이 칠판에서는 절망적인 느낌, 뒤로 물러나는 느낌이 든다.

당연히 현실에서 꽃은 피고, 비는 내리고, 바람은 분다. 그런데 굳이 꽃·비·바람에 '~해야 한다'라는 술어를 붙인 이유는 사랑은 '표현해야' 한다는 점을 말하고 싶기 때문일 것이다. 사랑하며 살자는 일종의 밝고 능동적인 권유다. 그런데 흘러내려 비극적인 분위기를 풍기는 칠판 위에서는 사랑조차 표현하지 않거나 혹은 표현하지 못하는 현실을 떠올리게 한다. 특정 사람만 겪는 드문 경험이 아니라 대부분이 '겪어야 하는' 현실 말이다. 사랑을 일시적인 감정에 불과하다고 여길 때 사랑 표현은 그리 절실하지 않아진다. 피어야 꽃이고, 내려야 비고, 불어야 바람이라는 필연적인 관계가 적용되지 않는다. 아직 인생을 충분히 겪어보지 않은 젊은 세대의 어리광으로 치부된다.

그러나 삼포세대는 사랑을 표현하는 것조차 쉽지 않다. 사랑뿐 아니라 결혼, 출산도 포기하고 있기 때문이다. '포기'라는 표현은 어쩔 수 없이 강제된 상황임을 보여준다. 여기에 '세대'라는 말까지 붙은 것으로 보아 이러한 처지에 놓인 사람이 매우 많다는 점은 분명하다. 경제적 어려움 때문에 생겨난 현상이다. 결혼과 출산은 인생관의 차이에 따른 개인의 선택일 수 있다. 그런데 사랑은 성격이 전혀 다른 게 아닌가 싶다. 인간은 세상의 그 어떤 생명체보다 풍부하게 감정을 표현할 능력을 지닌 존재다. 이처럼 다양한 표정을 통해 감정을 드러내는 동물이 어디 있겠는가. 대부분의 감정은 타인과의 공감 과정에서 생긴다. 사랑은 가장 특별한 공감의 감정이다. 어쩌면 사랑을 포기한다는 건 인간임을 포기해야 하는 상황에 놓인 게 아닐까? 비극적인 사태다. 한편으로 기성세대 입장에서는 이해가 쉽지 않다. 이에 과거에는 아무리 가난해도 사랑했고, 그러다 결혼했다며 살림살이는 하나씩 만들어가는 데 재미가 있다고 사고방식을 바꾸라는 충고를 점잖게 늘어놓는다. 사랑을 생각이나 의지 문제로 보는, 현실에 얼마나 무감각한지를 증명하는 태도다. 어느 누가 사랑하고 싶지 않겠는가. 과거와는 비교할 수 없을 정도로 물질적 조건이 중요해진 사회로 변해버려서, 하고 싶어도 관계 형성이 안 되는 걸 어떡하라고.

　'사랑으로 사나, 정으로 살지!'는 적어도 사랑의 포기가 아니라는 점에서 다행이라고 여겨야 하나? 하지만 사랑을 순간의 욕구로 보고, 그러한 의미에서 사랑을 불신한다는 점에서는 더 비극적일지도 모른다. 게다가 과학의 이름으로 정당화해 사랑을 인간의 어쩔 수 없는 숙명으로 가르친다는 점에서 개인을 넘어 사회적인 비극이 되기도 한다. 인간이 다른 자연의 산물과 마찬가지로 진화를 거쳐 오늘에 이르렀음은 부정할 수 없는 사실이다. 그리고 신체 내부의 화학작용은 유전적 변이와 긴밀하게 연결되어 있다. 그렇더라도 인간은 기계적인 존재가 아니다. 사랑을 호르몬을 비롯한 화학적인 반응으로 설명하려는 시도는 인간을 태엽이나 배터리로 움직이는 인형으로 여기는 사고방식과 본질에서 차이가 없다.

인간의 감정은 다양한 계기를 통해 나타나고 유지된다. 호르몬은 그 일부일 뿐이다. 사랑은 상대가 있는 감정이다. 상대와 상황이 서로 작용하며 감정의 복잡함을 만들어낸다. 같은 상황이 같은 감정을 만들어내지 않는다. 상대가 누구냐에 따라 전혀 다른 반응으로 나타난다. 또한 같은 사람이라 해도 상황의 미세한 차이가 다른 감정을 불러일으킨다. 나아가 감정의 주체로 생각하는 '나'도 고정되어 있지 않다. 삶의 경험이 축적되는 과정에서 다양한 변조가 일어난다. 여기에 우연적 요인까지 뒤섞이기에 감정은 단선적 화학 반응으로는 도저히 설명할 수 없는 풍부함의 세계다.

나아가 사랑과 정으로 각각 구분해 규정하는 발상 자체도 문제다. 사랑을 어떤 특정한 상태로 일반화시키고 있기 때문이다. 사랑 감정을 마치 하나의 전형적인 상태가 있기라도 한 것처럼 말이다. 하지만 사실은 백 명에게 백 개의 사랑이 있다고 봐야 한다. 비슷하게 느껴지더라도 감정의 속살로 한 발 더 들어가면 같지 않다. 사랑과 연관된 감정과 관계가 이루어지는 방식도 그 수만큼 다양하다.

우리는 전투 중에도 사랑을 했지

사랑을 정과 분리하면, 사랑이란 일정 시간이 지난 후에 사라지는 감정이라는 점에서 일시적인 허상과 연결된다. 그러고는 일시적인 사랑 대신 평생 영향을 주는 직업적인 성공에 매달린다. 사랑은 상황이 좋아지면 저절로, 일시적으로 따라오는 부산물로 생각한다. '사랑이

뭐 대수야? 자기 상황부터 안정시켜 놓아야지!'라는 태도가 대표적이다. 그런데 정말 사랑은 어려운 상황과 충돌할까? 어느 하나를 먼저 하고 나머지는 다음 순서로 미뤄야 하는 관계일까? 시 한 편이 떠오른다. 독일의 극작가이자 시인이었던 베르톨트 브레히트^{Bertolt Brecht}의 <아침저녁으로 읽기 위하여>다. 아래는 그중 일부다.

"내가 사랑하는 사람이 나에게 말했다./ "당신이 필요해요."/ 그래서 나는 정신을 차리고 길을 걷는다./ 빗방울까지도 두려워하면서./ 그것에 맞아 살해되어서는 안 되겠기에."

언뜻 그저 그런 사랑 노래처럼 보인다. 사랑하는 사람을 생각하며 조심하겠다고, 심지어 내리는 빗방울에 맞아 죽지 않도록 하겠단다. 아무리 문학적인 과장을 인정한다 해도, 이건 좀 심하다는 생각이 스치기 마련이다. 하지만 내가 처음 이 시를 접했을 때, 과장이나 낯간지러운 속삭임으로만 보이지 않았던 두 가지 이유가 있었다. 하나는 이 시를 번역한 사람의 무게감 때문이었다. 남민전사건으로 15년형을 받고 투옥된 김남주 시인이, 자신에게 영향을 준 세계 저항 시인들의 시를 번역한 것에 이 시가 속해 있었다. 교도관의 도움으로 몰래 펜과 종이를 얻어 감시의 눈길을 피해가며 번역하고 밀반출해 출판했다. 엄혹한 상황에서 엄선해 번역한 것이니 한가한 내용은 아니리라 생각했다.

또 하나는 시인 브레히트가 주는 무게감 때문이었다. 그는 1933

년 나치에 의한 대대적인 탄압을 피해 망명했다. 히틀러의 추격을 피해 여권과 신분증도 없이 전전해야 했던 망명 와중에도 나치에 맞서 저항시를 썼다. 살얼음판을 걷는 심정으로 저항의 나날을 보내며 쓴 시가 시대와 무관한 달콤한 표현의 잔치일 리 없다고 생각했다. 빗방울에 맞아 살해될까 봐 두려워한 것은 문학적 과장이 아니라 절박한 현실을 표현한 것이었다. 실제로 그의 동지들은 나치에 저항하는 레지스탕스 활동을 벌이다 죽어갔다. 아주 작은 실수 하나로도 형장의 이슬로 사라졌다. 치밀한 계획에 따라 움직이다가도 은신처가 발각되어 현장에서 나치의 총탄에 쓰러지기도 했다. 죽어간 레지스탕스 동지들을 떠나보내고 쓴 <살아남은 자의 슬픔>이라는 시에서 "오직 운이 좋았던 덕택에 나는 그 많은 친구보다 오래 살아남았다"라며 살아남은 자신을 부끄러워하기도 했다.

내일, 아니 오늘 당장 죽음의 그림자가 덮쳐올지도 모르는데 사랑하는 사람이 있다. <킨 이에가 그의 누이에게>를 보자. "우리는 전투 중에도 짬을 내어 사랑했지. (중략) 적을 기다리며 움막 속에 숨어 있으면 너의 가벼운 발걸음 소리가 들리고 먹을 것과 정보를 가져다주곤 했지." 그 사람과 하루라도 더 사랑하기 위해서는 살아남아야 한다. 사랑을 향한 자신의 욕망이자, 자신을 필요로 하는 상대에 대한 책임이기도 하다. 브레히트는 실제로 이와 비슷한 경험을 했다. 언제 나치에 체포될지 모르는 상태에서 연인이자 동지인 스테핀과 함께 도피했다. 스테핀은 1941년 제1차 세계대전으로 나치가 전 유럽에 확대되자 미국 망명을 결심한다. 어렵게 미국행 비자와 배표를 손

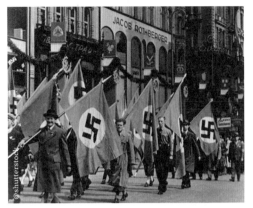

나치 지지자들의 모습.

에 쥔다. 하지만 출발 직전 스테핀은 극심한 폐결핵으로 병동에 갇힌다. 스테핀은 "내가 뒤따라갈게요. 단지 죽음과 전쟁만이 나를 방해할수 있어요"라고 했지만, 며칠 후 세상을 떠난다. 브레히트는 미국에서쓴 《작업일지》에서 "막상 스테핀이 빠졌다. 사막으로 들어가는 중에인도자를 빼앗아 간 것이나 다름없다"라며 아픔을 토로한다. 브레히트의 시에서 드러나듯이 오히려 인간은 가장 어렵고 위급한 순간에사랑을 찾기 마련이다. 가장 큰 위안이 전면적인 인간관계고, 사랑만큼 이를 충족해줄 만한 게 없기 때문이다. 상황부터 안정시키고 사랑은 나중이라 생각한다면 불안과 절망에서 허우적대기 십상이다.

그런데도 지금 한국의 수많은 사람이 어차피 정으로 살아가는것이기에, 혹은 충분한 연봉과 직장을 마련하지 못했기에 사랑을 포기하겠단다. 전쟁 상황, 심지어 당장 적의 총구가 이마에 와 닿아도 이상하지 않은 레지스탕스 활동 중에도 가장 절실했던 게 사랑인데 말이다. 사람들의 마음을 탓할 일이 아니다. 포기하겠다는 '마음'을 가진 게 아니기 때문이다. 사랑을 관계의 관성에 해당하는 정으로 대신하는 '현실', 사랑을 호르몬의 화학적인 작용으로 환원시키는 견해가 지배하는 '현실' 때문이다.

나아가 사랑과 사람이 교환가치가 되어버린 우리의 '현실'도 문제다. 교환가치가 상품으로서 다른 상품과 교환되는 비율을 의미한다면, 오늘날 한국에서 사랑은 교환가치에 의해 측정되는 사물이 되어버렸다. 물론 근본적으로는 들에 핀 꽃이나 비와 바람이 교환가치가 아니듯이 사랑도 상품일 수 없다. 하지만 현실에서는 상품이 된 것이다. 사랑을 포기한다는 말은 교환가치의 힘이 전쟁이나 레지스탕스보다 더욱 강력하게 사람들의 생각과 삶을 지배하고 있는 현실을 반영한다. 우리가 싸워야 할 상대는 상품과 시장이라는 안경을 통해서만 세상을 바라보게 만드는 바로 이 괴물이다.

K팝과 드라마온 국뽕을 맞다

K컬처 시대

요즘 부쩍 수식어로 '케이^K'를 붙이는 단어를 자주 접한다. 사람들이 모여 이야기를 나누다 보면 심심치 않게 나오는 단어이기도 하다. K팝, K무비, K드라마, K패션, K뷰티, K웹툰, K게임, K푸드 등 참으로 다양하다. 이를 모두 포괄하여 'K컬처'라고 한다. 그리고 이 중 대중적으로 가장 잘 알려진 분야가 K팝이다. 나이가 좀 있는 '아재'들도 K팝 가수 몇 명쯤은 안다. 나도 십여 년 전까지는 아이돌에 대해 관심이 없었다. 그러다 몇몇 오디션과 경연 프로그램을 접하면서 청년 음악가들의 열정, 절실함, 좌절, 도전에 감동받아 찾아보게 됐다. 그 과정에서 아이돌 그룹의 노래와 춤을 접했다.

수다의 인문학

1990년대 초반에 1세대 아이돌이 등장했을 때만 해도 그들은 '댄스' 가수 이미지가 강했다. 화려하고 격렬한 춤을 추고 노래는 립싱크 수준이어서 가수로 인정받는 게 쉽지 않아 보였다. 그러다 립싱크가 사실상 사라지고 라이브 실력을 인정받으면서 편견이 상당 부분 깨졌다. 특히 쉬지 않고 이어지는 격렬한 안무에도 흔들리지 않는 가창력에 많은 이들이 감탄했다. 게다가 그들이 한국을 넘어 세계의 주목을 받으면서 K팝에 대한 인식이 바뀌었다. 특히 'BTS(방탄소년단)'가 세계 최고 수준의 팬덤을 구축하고 온갖 음악 차트를 휩쓸면서 K팝이 한 단계 더 도약하는 발판이 되었다. BTS는 역사상 가장 영향력 있는 밴드로 인정받는 비틀즈와 비교될 만큼 세계인의 주목을 받고 있다. 2021년에 발표한 <버터^{Butter}>는 빌보드 '핫100'에서 9주 1위를 기록했다. 이미 전해에 발표한 노래가 같은 순위에서 3주 1위를 하기도 했다. 유엔 총회에서도 두 차례나 연설을 했다.

K팝은 일본·동남아시아 등에서 이미 상당한 인기를 끌었다. 몇몇 아이돌 그룹은 미국과 유럽에서 나름의 인지도를 자랑한다. 싸이의 <강남스타일>이 유튜브 조회수가 40억을 넘을 정도로 히트하면서 K팝의 저변을 확대했다. 그럼에도 일회적이고 예외적인 현상 정도로 여겨졌으나 BTS가 신드롬을 일으키면서 K팝은 이제 동양 한 나라의 독특하고 신기한 현상을 넘어 세계 주류문화의 하나로 자리 잡았다. 보이 그룹만이 아니다. '트와이스'와 '블랙핑크'라는 걸그룹은 미국과 유럽을 비롯해 팝의 본고장을 뒤흔드는 중이다. 최근 트와이스는 미국 다섯 개 도시에서 7회에 걸쳐 열린 스타디움 공연이 모두 매

진되어 10만 관객을 모았다. 워낙 반응이 좋아 앙코르 콘서트를 두 번이나 더했는데, 이 역시 전 석 매진이었다고 한다. 블랙핑크는 유튜브 구독자 수가 약 6,000만 명에 이른다. 이는 가수 중 전 세계 두 번째로 많은 것으로 북미 팬이 상당수를 이룬다고 한다. 10억 뷰 이상 뮤직비디오도 세 편이나 된다.

K컬처의 폭을 넓히는 데 결정적인 역할을 한 데는 봉준호 감독의 <기생충>을 빼놓을 수 없다. <기생충>은 2019년 칸영화제 공식 경쟁 부문에 초청되어 만장일치로 황금종려상 받았고, 많은 비평가가 그해 최고의 영화로 꼽았다. 2020년에는 아카데미상에서 최고 권

<기생충>과 <오징어 게임>의 포스터.

위로 꼽히는 작품상을 필두로 감독상과 각본상, 국제영화상까지 4관왕을 차지했다. 역대 시상식 사상 작품상을 받은 최초의 비영어 영화다. 해외 대중에게도 관심이 뜨거워서 글로벌 흥행 2억 달러를 돌파한 최초의 한국 영화가 되었다. 물론 한국에서도 천만 명 이상의 관객을 동원하며 흥행에 성공했다.

당시 《LA타임스》는 '<기생충>이 오스카를 필요로 하는 것보다, 오스카에게 <기생충>이 더 필요하다'라는 제목으로 기사를 실었다. CNN은 "<기생충>은 오스카의 새 역사를 썼다. 비영어권 영화 최초 최우수작품상을 받으며 역사에 남을 만한 일을 했다. 이 승리는 재능 있는 비백인과 배타적인 캐스팅에 대한 인식 부족으로 크게 비판받아온 문화계에 중요한 의미를 남겼다"라고 보도했다.

K컬처의 매력

한류를 전 세계 더 많은 나라와 다양한 연령층으로 확대시킨 작품이 2021년 넷플릭스에서 방영한 드라마 <오징어 게임>이다. 456명이 여섯 개의 게임을 통과한 후 단 한 명의 최후 승자만 살아남아 456억 원의 상금을 차지하는 과정을 그렸다. <오징어 게임>은 방영된 지 얼마 지나지 않아 넷플릭스가 정식 서비스되는 모든 국가에서 시청률 1위를 기록하는 기염을 토했다. 그리고 2021년 세계에서 가장 많은 사람이 시청한 드라마가 됐다. 그전에도 한국 드라마는 일본과 중국을 비롯한 동아시아에서 이미 대중적 인기를 누리고 있었으나 북미와 유럽에서는 소수의 마니아 장르에 머물렀다.

그러다 <오징어 게임>을 계기로 주류의 한 부분으로 자리 잡았다. 이후 넷플릭스 시청률 상위 10위 안에 한국 드라마가 한두 편 포함되는 일이 흔해졌다. 그렇다면 'K'의 세계적인 인기를 특별한 현상으로 봐야 할까? 세계인을 매료시키는 이유가 무엇일까? 먼저 K컬처가 주류의 한 부분으로 인정받는 점은 확실히 특별하다. '오리엔탈리즘'이라는 개념을 제시한 것으로 잘 알려진 미국의 문명비평가 에드워드 사이드^{Edward W. Said}가 《문화와 제국주의》에서 언급한 다음 내용은 이와 관련해 좋은 참고가 된다.

"미국과 태평양 또는 극동의 대화자들—중국, 일본, 한국, 인도차이나 반도—의 관계는 대부분의 미국인 삶과는 지리적으로, 지적으로 수천 마일 떨어진 곳에서 제공되는 엄청난 압력이 초대하는 민족적 편견과 상대적으로 준비가 되지 않은 갑작스러운 관심으로 이루어진다. (중략) 일본의 복잡한 경우를 제외하고는 아시아 국가들은 아메리카 대륙을 실제로 침투한 적이 없었다는 것을 우리는 알 수 있다."

이 책이 출판됐던 1994년은 물론이고 최근까지 서구 문화 이외에는 미국과 유럽에서 대중적 흐름을 형성한 경우가 없었다. 비서구 문화가 서구인에게 대중적인 관심을 끄는 사례가 간혹 있었으나 일시적인 현상에 머물렀다. 또한 관심을 갖게 된 동기에는 '민족적 편견'도 상당 부분 포함되어 있었다. 동양 여인을 관능적인 시선으로 보기도 했고, 동양 정신이나 무술의 신비스러움에 주목하는 경우도 있었다. 대체로 서구의 합리성에 대비되는 비합리적인 요소를 중심으로 비서구를 대립시키는 방식의 편견이 다분히 담겼다. 낯설고 색다른 이국풍의 취향이 구미를 당기는 정도였지 주류의 일부로 들어가지는 못했다.

한편 일본 대중문화는 다소 예외에 속했다. 한때 일본 애니메이션과 만화가 전 세계적으로 유행했다. 특히 애니메이션이 선봉장 역할을 했다. 그중 대표적인 미야자키 하야오 감독의 작품만 해도 <미래소년 코난>, <바람의 계곡 나우시카>, <천공의 성 라퓨타>, <이웃집 토토로> 등 수두룩하다. 만화 <드래곤볼>, <슬램덩크>, <에반게리온> 등은 제목을 들으면 그 캐릭터가 바로 떠오른다. 하지만 만화 관련 분야로 한정된 면이 강했다는 점에서 주요 흐름으로 보기는 어렵다. 일종의 틈새시장에서 나타난 현상에 가깝다. 대중의 열광, 세계 언론의 관심, 권위를 인정받는 각종 순위에서의 성적 등에서도 주류와 꽤 거리가 있다. 사이드에 의하면 당시 일본 문화의 부상에는 눈부신 경제력 상승이 크게 작용했다. 20세기 후반 일본의 은행·대기업·부동산 재벌의 위력은 미국에 맞먹을 정도로 막강했다. 가장 규모가 큰 세계의 10대 은행은 대부분 일본 것이었다. 미국의 거대한 외채 대부분이 일본에 빚진 것이었다. 일본의 부동산 가치는 미국보다 몇 배나 높았다.

반면 K컬처의 경우 가요·영화·드라마 등 대중문화의 중심에서 일어난 현상이라는 점에서, 한두 개의 콘텐츠가 반짝인기를 끄는 게

<이웃집 토토로>와 <드래곤볼>의 포스터.

아니라 수년 넘게 이어지고 나아가 확대 양상을 보인다는 점에서 주류에 편입된 것이라는 평가가 그리 과장은 아니다. 문화 자체에 힘이 있다는 점도 주목할 만하다. 물론 한국의 경제력도 빠르게 성장하는 중이다. 하지만 당시 미국을 바짝 뒤쫓던 일본의 경제력에는 한참 못 미친다. 오히려 한류가 확장되는 덕을 경제가 보고 있다. 인류의 근현대 역사에서 미국과 유럽 문화의 주류에 비서구 문화가 하나의 자리를 차지한, 사실상 유일한 사례라는 점에서 정말 특별하다.

　그렇다면 무엇이 K컬처의 대중적 인기를 만들어낸 것인가? 우선 콘텐츠의 경쟁력에서 찾을 수 있다. 미국 블룸버그통신은 "한국 창작자들은 미국 할리우드와 경쟁할 수 있는 콘텐츠 제작 능력을 입증했다"라고 평한다. 콘텐츠 경쟁력에도 여러 측면이 있는데, 무엇보다

수다의 인문학

도 큰 재미를 준다는 점을 들 수 있다. <기생충>은 지하 밑에 또 지하 라는 기발한 발상이 흥미를 자극한다. <킹덤>은 잔혹하기만 한 좀비 이야기에 역사적인 재미를, <오징어 게임>은 한국 어린이들의 다양 한 골목 놀이를 전한다. K팝 확산에 결정적 계기가 된 <강남스타일> 은 재미의 종합선물세트다. BTS를 비롯한 아이돌 그룹은 최신 유행 장르를 절묘하게 종합한다. 또한 하나의 영화나 노래에 다양한 요소 를 세련되게 결합해 지루할 틈을 주지 않는다. 박찬욱 감독이 <헤어 질 결심>(2022)으로 칸국제영화제에서 감독상을 받은 후 한국 영화 의 경쟁력을 이렇게 설명했다. "한국 관객들은 웬만한 영화에는 만족 하지 못한다"라며 "장르영화 안에도 웃음·공포·감동이 다 있기를 바 라다보니 영화인들이 많이 시달렸고, 그렇게 한국 영화가 발전하게 된 것 같다."

K컬처의 경쟁력은 예산 대비 큰 효과에서도 나타난다. 세계의 영화와 드라마 비평가들이 놀라워하는 지점이다. <오징어 게임>의 회당 제작비는 28억 원인데, 같은 넷플릭스에서 인기를 끌었던 <더 크라운>이나 <기묘한 이야기>의 절반도 들지 않았다. 영화도 마찬가 지다. <기생충>을 비롯해 한국에서 대작 영화로 꼽히는 영화의 총제 작비는 100억 원대다. 2022년 1,200만 관객을 돌파한 <범죄도시2> 는 총제작비가 130억 원이었다. 이에 비해 할리우드의 평균 영화 제 작비는 약 2,000억 원을 훌쩍 넘어선다.

K컬처가 광범위한 관심을 받는 데는 인류의 보편적인 관심사와 과제를 담고 있다는 점도 작용한다. 과거 일시적으로 주목받았던 비

서구 문화는 그 나라의 독특한 전통문화에 기반을 둔 낯설고 색다른 소재를 다루는 경우가 많았다. 일본의 사무라이나 게이샤, 중국의 쿵푸, 인도의 신비로운 정신 등이 이에 해당한다. 이 경우 일시적인 호기심을 불러일으킬 수 있으나 생명력이 길지 않다는 약점이 있다. 과거에 주요 국제 영화제에서 상을 받은 한국 영화도 비슷했다. 1987년 베니스영화제에서 여우주연상을 받은 <씨받이>, 1989년 모스크바영화제에서 여우주연상을 받은 <아제아제바라아제>, 2002년에 칸영화제에서 감독상을 받은 <취화선>을 떠올리면 된다. 그러나 최근 세계 무대를 두드린 한국 영화나 드라마는 인류의 공통 관심사를 다룬다. <기생충>은 상류층과 하류층이라는 사회 양극화, <오징어 게임>은 빚에 쫓기는 수백 명이 일확천금을 꿈꾸는 자본주의의 그늘을 배경으로 한다. 몇 년 사이에 주목받은 다른 한국 영화도 그러하다. 2017년의 <옥자>는 비윤리적인 공장식 축산과 도축 문제, 2013년의 <설국열차>는 지구온난화와 계급 갈등 문제를 다루었다. 2021년 골든글로브 시상식에서 외국어 영화상을 받은 <미나리>는 이주민들의 애환과 가족 간의 사랑을 담았다.

이처럼 이국적인 요소에 대한 호기심을 자극하며 눈길을 끌었던, 기존의 몇몇 비서구 문화의 약점을 넘어설 가능성을 품고 있다. 스스로 관성에 빠져 창의적인 상상력을 잃지 않는 이상 긴 생명력을 지닐 수 있다. 공감의 폭을 넓힐 수 있기에 인종과 언어의 장벽을 낮추는 데도 도움이 된다. 이러한 점이 K컬처가 글로벌 문화 현상의 한 부분으로 발을 내딛는 데 적지 않은 영향을 주었다고 봐야 한다.

수다의 인문학

한류와 국뽕, 그리고 문화 다양성

K팝·K드라마를 비롯한 한류에 대한 우리의 태도에는 우려되는 부분도 있다. 빌보드 순위 상위권을 차지하고, 국제 영화제에서 상을 받으면 환호하는 게 자연스럽다. 또한 가수와 배우가 외국 공항에서 열렬하게 환대받는 모습을 볼 때 뿌듯함이 드는 것도 당연하다. 하지만 '국뽕'의 소재가 되는 경우도 있음에 주목해야 한다. 이는 문화를 애국심으로 연결하고 한국에 대한 우월감을 느끼는 태도다. 'K'를 통해 국뽕의 욕망을 키우는 것이다. 그런데 우월감은 대조되는 쌍을 전제로 삼는 감정이다. 상대를 열등하게 바라보는 태도와 동전의 양면처럼 쌍을 이룬다. 문화를 우월과 열등으로 구분하고 대립시키는 것이다. 서구 문화와 대등한 관계라고 여기는 것이기는 하나 동남아시아를 비롯한 비서구 문화에 대해서는 열등, 자국의 문화에 대해서는 우월을 연결시킨다.

　　이는 문화에 대한 가장 중요한 태도인 다양성, 교류와 상반된 성격을 갖는다. '세계 문화 다양성의 날' 포스터는 문화가 지향해야 할 방향을 특별히 강조한다. 매년 5월 21일은 유엔이 제정한 '발전과 대화를 위한 세계 문화 다양성의 날'이다. 문화의 일방성과 획일성, 거대자본에 의한 소비문화로의 상업화를 지양하자는 취지다. 더불어 문화의 다원적 가치 인정과 상호 존중으로 나아가도록 대중적 인식을 높이려는 데 목적이 있다. 자기 문화를 우월하게 여기지 않고, 다른 문화를 비하하지 않는 태도는 문화 다양성을 존중하는 데에서 핵심이다.

'세계 문화 다양성의 날' 포스터에는 나무에 달린 잎이 다양한 색·모양·크기의 손으로 묘사되어 있다. 크기가 다른 손은 나라나 국력의 정도 차이를 보여준다. 큰 손이 예닐곱 개 정도 있는 것으로 보아 대략 G7 국가들을 상징하는 듯하다. G7은 국제통화기금이 분류한 7대 주요 선진 경제국, 즉 미국·일본·독일·영국·프랑스·캐나다·이탈리아를 가리킨다. 경제력과 군사력의 크기가 문화의 크기로 연결될 수 없음을 의미한다. 색이 다른 손은 인종의 차이, 모양이 다른 손은 문화의 차이를 뜻한다. 다양한 잎이 나뭇가지를 둥글고 풍성하게 둘러싸고 있다. 커다란 나뭇잎만 있거나, 특정한 색과 모양의 나뭇잎만 있을 경우 나무는 건강하게 자랄 수 없다. 모든 문화가 동등하게 어우러질 때 인류 전체의 문화가 발전한다.

'세계 문화 다양성의 날'의 포스터.

수다의 인문학

문화를 애국심으로 연결하면서 어깨에 잔뜩 우월감이 들어가는 태도는 문화 다양성 존중의 큰 걸림돌이다. 사이드도 《문화와 제국주의》에서 그 위험성을 지적했다.

"때로 문화는 적극적으로 국가와 연결되는데, 그때 문화는 언제나 다소의 외국 혐오증과 함께 '우리'를 '그들'과 구별하게 해주는 역할을 한다. 그런 의미에서 문화란 정체성의 근원이며 그렇기에 최근에 문화와 전통으로의 '회귀' 움직임에서 볼 수 있듯이 다분히 전투적이기도 하다. 그러한 '회귀'는 다문화주의나 복합 문화주의 같은 비교적 진보적인 철학과 연관된 관용성과는 반대되는, 지적이고 도덕적인 행동에 엄격한 코드를 수반한다."

사이드에 의하면 문화를 국가와 연결시켜 우월감의 소재로 삼을 때 소통과 공존보다는 구별과 대립이 생겨난다. 다른 문화를 열등한 그 무엇으로 비하하고, 혐오감이 동반되는 경우도 있다. 문화를 우월과 열등으로 구분할 경우 두 가지 잘못된 길로 들어서게 된다. 하나는 자국의 문화로 다른 문화를 압도할 수 있다고 여길 때 나타나는 '문화 제국주의'의 길이다. 지난 수백 년 동안 식민지를 지배한 적 있는 유럽 강대국과 미국이 일관되게 견지한 사고방식이다. 다른 하나는 자국의 문화가 열세에 있다고 여길 때 전통으로 회귀하며 나타나는 '폐쇄적인 국수주의'다. 이는 주로 과거 식민지배를 당했던 나라에서 나타났다. 전통으로의 회귀가 만들어내는 완고하고 전투적인 양상의 대표 사례가 일부 비서구 지역에서 맹위를 떨치는 종교적 근본주의

다. 아시아 여러 나라의 주요 문화가 대부분 자국에서 만들어졌다고 주장하는 문화적 중화주의도 비슷한 맥락으로 이해할 수 있다.

두 길 모두 문화의 다양성을 사실상 거부하고, 나아가서는 훼손하는 문제를 낳는다. 그러한 점에서 "서구의 제국주의와 제3세계의 국수주의는 서로를 좀먹어 들어간다"라는 사이드의 비판은 참으로 적절하다. 그렇다면 국뽕으로서의 한류 자부심은 어느 길에 가까울까? 앞에서 살펴본 K팝·K드라마의 특징에서 알 수 있듯이 과거로의 회귀나 폐쇄적인 성격과는 거리가 있다. 문화적 열등감을 우월로 포장하는 국수주의적인 '정신 승리'로 보기는 어렵다. 그렇다고 전형적인 문화 제국주의적인 길로 여기는 데도 무리가 따른다. 한편으로 미국이나 유럽에서 주류문화의 일부로 인정받기를 열망한다는 점에서, 다른 한편으로 경제적으로 우리보다 뒤떨어진 아시아나 중남미 지역을 한류의 수요자로 여긴다는 점에서 전자의 길에 조금은 더 가깝다.

K컬처에 대한 세계 청년들의 태도와 이를 극뽕으로 접근하는 태도 사이에는 적지 않은 차이가 있다는 점도 언급할 필요가 있다. 세계의 많은 청년이 그동안 지배적인 위치에 있던 미국 중심의 서구 문화에 대한 대안문화 혹은 반문화로서 K컬처에 호응했다. 이에 비해 국뽕으로서의 자부심은 주류 서구 문화의 일부로 성공적으로 편입했다는 데 그 근거가 있다. K를 통한 국뽕의 욕망은 과거 유럽이나 미국에서 가졌던 문화 제국주의의 전형적인 태도는 아니지만 그 일부를 추구하면서 나타나는 태도다. 여기서 '한류'라는 단어에 대해서도 생각해볼 필요가 있다. 한류는 한국에서 일방적으로 다른 나라에 문화를

수다의 인문학

수출한다는 의미에 가깝다. 또한 한류가 만들어진 배경이나 이에 대한 타국인의 반응도 신중하게 고려해야 한다. 중화권에서는 한파주의보를 '한류^{寒流}'라고 부르는데, 언론이 한국 대중문화가 매섭게 파고든다는 의미를 비슷한 발음을 가진 '한류^{韓流}'를 사용한 데서 비롯되었다고 한다. 동남아시아에서 이 표현이 만들어지고 사용될 때부터 이미 문화의 일방적 전파에 대한 경계심이 담겨 있었다고 봐야 한다. 한류는 그 자체에 언제든 '반한류'의 움직임이 나타날 가능성을 포함하고 있다.

'세계 문화 다양성의 날'이 추구하듯, 문화는 서로 다른 문화를 인정하는 것에 기초하여 교류와 공존의 방향으로 가야 한다. K컬처가 주류의 일부로 한 발 내디딘 지금은 앞으로 나아갈 방향과 우리의 태도에 대해 깊은 고민이 필요한 때다. 한류가 문화 사이의 수평적인 관계를 한층 강화하는 지렛대가 될 수는 없을까? 거대자본에 의한 소비문화의 상업화에 머물지 않고 문화의 폭을 확대하길 바라는 건 과한 기대일까?

돈만 있으면
한국이
최고야!

우리가 살고 싶은 나라

가끔 '어떤 나라에서 살고 싶은가'라는 질문을 접한다. 이때는 '행복'을 어디에서 찾느냐에 따라 결론이 달라진다. 두세 사람이 모여 이야기하면 서로 다른 나라를 꼽는다. 그런데 신기하게도 응답자가 여러 명으로 늘어나면 비슷한 특징을 지닌 나라로 좁혀지는 경향이 나타난다. 행복에 대해 주관적인 기준이 있겠지만 그게 그리 크게 다르지 않다는 점을 보여준다. 참고할 수 있는 지표가 있다. 가장 널리 언급되는 지표가 유엔 자문기관인 '지속 가능한 개발 솔루션 네트워크 SDSN'에서 조사하여 2012년부터 발표해온 자료다. 다음의 일곱 가지 지표로 행복 정도를 산출한다. GDP, 사회적 지원 수준, 건강한 기대수명, 삶을 선택해 만들어가는 자유 수준, 부정부패 정도, 사회적 관용, 미래에 대한 불안이다. 여기서 몇 가지는 추가 설명이 필요해 보인다. 사회적 지원은 곤경에 처했을 때 도와줄 수 있는 유대관계, 사회적 관용은 어려운 처지에 놓인 사람들을 돕는 기부 수준, 부정부패는 정부와 기업의 부패 수준을 측정한다.

발표 시기마다 약간 변동은 있지만 1위를 비롯해 최상위권은 핀란드·덴마크·아이슬란드·스위스·네덜란드 등이 차지한다. 10위권에서는 캐나다·미국·독일·영국·프랑스 등이 경쟁한다. 동아시아 국가 중에는 대만이 20위권으로 순위가 가장 높다. 한국은 54위부터 62위 사이에서 오르내린다. 한국의 앞뒤에서 경쟁하는 나라는 아르헨티나·그리스·필리핀·태국 등이다. OECD로 좁혀 보면 더 심각하다. 한국의 경제력은 10위 정도로 평가받지만, 행복지수는 38개국 가운데 35위 내외로 최하위권이다. 한국은 GDP나 기대수명 항목에서는 높은 수치를 기록했으나 나머지 항목은 낮은 수치에 머문다. 한국개발연구원^{KDI} 경제정보센터도 이러한 현실을 두고 "세계 10위 경제 대국인 한국이 국민 삶의 만족도는 OECD 최하위권"이라며 심각하게 여긴다.

우리가 살고 싶다고 답하는 나라들도 유엔 행복지수의 상위권을 차지하는 나라들과 별 차이가 없다. 핀란드·덴마크·스웨덴·노르웨이·스위스·네덜란드·캐나다 등이 높은 선호를 보인다. 대체로 탄탄한 복지정책으로 빈부격차가 적은 나라, 여가와 문화를 충분히 즐기고 보건과 교육시스템이 안정적인 나라, 정치적으로 부패가 적고 개인의 자유가 잘 보장되는 나라다. 그런데 아주 간단한 변수를 추가하는 순간 전혀 다른 답이 나온다. 바로 돈이다. "돈만 있으면 한국이 최고 지!"라는 말이 나오면 그 자리에 있던 사람들이 대부분 고개를 끄덕인다. 비록 입가에 알게 모르게 쓴웃음이 스치지만 말이다.

　돈만 있으면 무엇이든 할 수 있다. 또한 돈은 인정받을 수 있는 가장 유력한 수단이기도 하다. 특히 돈은 소비와 관련했을 때 그 위력이 커진다. 한국사회에서는 돈으로 살 수 없는 건 거의 없다는 인식이 통용된다. '손님은 왕'이라는 말처럼 소비할 때면 왕처럼 군림할 수 있다. 백화점은 소비의 상징적 공간이다. 대도시의 어느 곳이든 도심의 핵심 공간을 화려하게 치장한 백화점이 자리 잡고 있다. 백화점 근처에는 관련 위락시설이 마치 주인처럼 위용을 자랑한다. 주요 도로가 백화점을 중심으로 뻗어 있기도 하다. 수많은 사람과 차량을 빨아들인다. 낮과 밤이 따로 없다. 서울과 수도권, 지방의 대도시는 물론이고 웬만한 중소도시도 사정은 비슷하다. 도심의 요지를 롯데·현대·신세계 등 소위 빅3 업체의 백화점이 차지하고 있다. 도시에 백화점이 있는 광경은 어느 나라에서나 흔하지 않느냐고 할지 모르겠다. 물론 대형 쇼핑몰은 한국에만 있는 게 아니다. 하지만 외국의 대도시 여행을 해본 사람들은 의외로 대형 백화점이 자주 눈에 띄지 않는다는 걸 안다.

　한국은 백화점 천국이다. 서울은 하나의 구 안에도 주요 거리에 서너 개의 백화점이 성처럼 들어서 있다. 잠실 롯데백화점, 영등포 타임스퀘어처럼 몇 개의 건물이 하나로 연결된 초대형 백화점도 흔하다. 백화점으로 끝나지 않는다. 이마트와 홈플러스 등 거대한 주차공

백화점 실내 모습.

간을 갖춘 대형 쇼핑몰까지 더하면 훨씬 늘어난다. 백화점 매장보다 더 많은 상점이 모여 있는, 지하철과 연결된 지하상가까지 고려하면 비교할 수 있는 나라가 없다. 백화점·대형마트·지하상가만으로도 압도적인데 대량소비 공간은 더 널려 있다. 각종 아울렛과 전자제품 등을 전문으로 판매하는 마트를 포함하면 헤아리기도 숨이 찰 정도다. 지난 십여 년 사이에 폭증하는 홈쇼핑과 온라인 쇼핑까지 계산에 넣으면 이제는 수를 세는 게 무의미해진다.

돈만 있으면 무엇이든 살 수 있고 언제든 즐길 수 있다. 특별히 번거롭게 준비하고 나설 필요도 없다. 자신이 거주하는 동네에 백화점과 대형 쇼핑몰이 모두 있으니 마실 나가듯 훌쩍 다녀오면 된다. 대형 쇼핑몰이 문을 닫았다고 해서 걱정할 필요도 없다. 집에서 수십 미

문화 흥미를 돋우는 수다

터만 걸으면 있는 동네 마트에도 식료품과 생활용품이 넘쳐난다. 늦은 밤에도 외식하거나 술 한잔 마실 수 있는 상점이 수두룩하다. 한국은 세계에서 가장 발달한 '소비사회'다.

무엇이든, 언제든 살 수 있는 나라

일상적으로 상품을 대량소비하고, 소비를 통해 개성과 지위를 드러내는 양상이 최근의 현상이거나 한국만의 특징인 것은 아니다. 거슬러 올라가면 약 백 년 전부터 유럽과 미국에서 그 기원을 찾을 수 있다. 영국 화가 크리스토퍼 네빈슨Christopher Nevinson의 <몽파르나스 카페 테라스>는 소비사회로 변화하던 유럽의 단면을 잘 보여준다.

몽파르나스는 몽마르트르와 함께 프랑스 파리의 유명한 상가 지역이다. 20세기 들어 새롭게 부상하며 활기를 띠다가, 제1차 세계대전이 끝난 후 오락·음악·춤으로 가득한 동네로 탈바꿈했다. 피카소, 샤갈, 모딜리아니, 헤밍웨이, 헨리 밀러, 보들레르 등의 예술가와 작가가 모여들면서 더 유명해졌다. 당시 규모가 크고 화려한 카페들이 들어섰는데, 지금도 명성을 이어오면서 파리를 찾은 관광객들이 즐겨 찾는다.

그림을 보면 40~50여 명이 카페테라스에 북적거린다. 오른쪽 위의 현수막에 적힌 글자로 짐작해볼 때 백 년 전에 문을 열어 현재까지 영업하는 대표적인 카페, '르 돔Le Dome'인 듯하다. 자동차가 지나가는 도로 건너편으로 보이는 카페도 비슷한 역사를 지닌 곳이다. 그 뒤

크리스토퍼 네빈슨, <몽파르나스 카페테라스>, 1925.

로 카페 '르 셀렉트Le Select' 간판도 보인다. 그 주변에도 다른 바와 호텔 간판이 어른거린다. 가로등과 상점의 불빛이 환하게 비추는 것으로 봐서 이미 꽤 늦은 밤이다. 그런데도 수많은 사람이 밖으로 나와 와인과 식사를 즐기고 있다. 우선 여성들의 색다른 모습이 눈에 들어온다. 19세기 후반과 20세기 초반 유럽 화가들의 그림에 등장하는 여성과 상당히 다르다. 치렁치렁하게 머리를 늘어뜨리던 과거의 여성과 달리 대부분 단발이다. 쓰고 있는 모자도 특이하다. 모두 이 그림이 그려지기 몇 년 전 컬렉션에서 크게 성공한 후 유럽과 미국에서 유행하던 코코 샤넬 스타일이다. 머리를 짧게 자르고, 차양 앞부분이 위로 올라간 모자를 쓰고, 무릎이 보이는 짧은 치마를 입었다.

그림에는 잘 보이지 않지만 복장으로 볼 때, 이 카페테라스의 여성들은 더 많은 샤넬 제품으로 몸을 꾸몄을 듯하다. 맨 앞에 얼굴이 반쯤 드러난 여성의 모자에 달린 장식품도 샤넬과 관련이 있다. 1924년은 샤넬이 모조 보석을 사용해 만든 쥬얼리가 대량 판매되던 중이었다. 이즈음 샤넬의 첫 향수인 'No. 5', 'No. 22'도 즐겨 소비하던 제품이다. 과거에 귀족이나 부유층의 전유물이던 패션이 대중적인 소비 대상이 됐을 뿐 아니라 대량소비를 특징으로 하는 소비사회로 넘어왔음을 보여준다.

1920년대 내내 유럽인과 미국인은 물질적 풍요가 지속되리라는 점을 믿어 의심치 않았다. 대량생산과 대량소비를 기반으로 자본주의가 영원히 번영할 거라고 믿었다. 미국 공화당 대통령 후보였던 허버트 후버^{Herbert Hoover}는 1928년 선거 유인물에서 모든 국민이 매 끼니 닭고기를 먹고, 누구나 자동차를 소유할 수 있도록 하겠다는 약속을 했다. 무엇보다 20세기 초반에 미국 포드자동차에서 시작해 유럽으로 확대된 포드 시스템이 이러한 기대를 뒷받침했다. 포드 시스템은 컨베이어에 의한 이동조립 방법으로 대량생산을 가능하게 만들었다. 이를 통해 미국의 자동차는 1919년부터 1929년에 생산량을 약 세 배나 늘렸다. 네 가구당 1.12대였던 자동차 등록 수가 네 가구당 3.15대로 증가했다. 포드 시스템은 전 산업으로 확대되었다. 1920년대 중반부터 라디오·냉장고·진공청소기 같은 전기 제품이 쏟아져 나오면서 상당수 가정이 대량소비가 주는 만족을 만끽했다.

수다의 인문학

네빈슨의 <몽파르나스 카페테라스>는 각종 소비재와 서비스 산업이 급속히 확대되면서 소비사회에 대한 장밋빛 전망이 가득하던 서구 사회의 분위기를 잘 보여준다. 이후 1929년의 세계대공황, 제2차 세계대전, 몇 차례의 불황 등을 겪기는 했지만 지난 백 년 동안 대량생산과 대량소비를 전제로 한 소비사회는 계속 확대되었다.

한국은 백화점을 비롯한 대형 쇼핑몰이 단순히 많은 것을 넘어 무엇이든 언제든 살 수 있는 환경이라는 점에서, 세계에서 둘째가라면 서러워할 나라다. 낮이든 밤이든 또한 내가 어디에 있든 소비하는 데 아무런 지장이 없다. 같은 자본주의 체제이고, 고도로 발달한 경제력을 가진 사회라 해도 소비 공간으로서 도시가 지닌 성격은 한국보다 훨씬 덜하다. 파리·바르셀로나·로마·런던 등 세계의 관광객이 몰리는 유럽 대도시라 해도 늦은 밤이면 거리가 한산하다. 밤 8시만 돼도 대부분의 상점이 문을 닫는다. 여행지의 자유를 만끽하고 싶어도 인적이 드문 거리로 나갈 엄두를 내지 못한다. 반면 한국의 거리는 오히려 늦은 밤이 되면 더 깨어난다. 서울 상가 골목의 광경은 특정 거리로 한정되지 않는다. 서울이든 지방 대도시든 대부분의 거리가 밤이 무색하게 환하다. 건물을 수놓은 화려한 조명이 마음을 들뜨게 하는 측면도 있다. 도시의 밤 문화를 즐기러 나온 다양한 나이와 계층의 사람들로 가득하다. 서울의 홍대나 건대 주변, 논현동·이태원·영등포의 먹자골목 등은 새벽 2~3시여도 활기를 띤다.

돈만 있으면 집에서도 24시간 편하게 쇼핑을 즐길 수 있다. 배달 서비스 광경도 일상적이다. 해외에도 배달 시스템이 있지만 한국을 따라오려면 한참 멀었다. 한국은 온라인으로 시키지 못할 음식이 거의 없고, 배달 시간도 최대 30분을 넘지 않는다. 늦은 밤은 물론이고, 비나 눈이 오는 날에도 오토바이는 멈추지 않는다. 식료품과 생활용품을 비롯한 일반 상품도 얼마든지 온라인 구매가 가능하다. 보통은 이튿날, 늦어도 이틀이면 택배가 도착한다. 심지어 몇 년 전부터는 새벽 배송까지 등장했다.

중산층 가정을 둘러보면 한국이 소비사회의 첨단을 달리고 있다는 말이 조금도 과장이 아님을 알 수 있다. 거실과 방에는 최신형 전자제품으로 가득하다. 대형 평면화면 텔레비전이 거실의 주인 자리를 차지한다. 김치냉장고를 둔 경우도 흔하다. 세탁기에 더해 건조기까지 구입하는 일도 증가하고 있다. 게임이 가능한 고사양 컴퓨터도 기본이다. 별도로 노트북이나 태블릿PC를 마련하기도 한다. 부모는 물론이고 초등학생 아이에 이르기까지 온 식구가 스마트폰을 갖고 있다. 게다가 보통 이삼 년이 지나면 새로운 제품으로 교체한다.

소비사회의 그늘

그렇다면 "돈만 있으면 한국이 최고"라고 할 때는 어느 정도의 재산을 염두에 두는 것일까? 많을수록 좋기야 하겠지만, 그렇다고 해서 허무맹랑한 공상을 하는 것은 아닐 테다. 극소수 상류층을 떠올린다면 하나 마나 한 넋두리에 불과할 테니 말이다. 대다수 한국인이 현실적으로 바라는 바는 이른바 '중산층' 수준의 수입이다. 소비사회는 중산층을 주요 판매 대상으로 삼는다. 대량으로 생산되는 대기업 제품이나 광고는 중산층을 유혹하는 데 초점을 맞춘다. 이에 호응하여 중산층은 소비를 통해 자신의 존재를 확인한다. 사회에서 나름의 지위를 확보하고 있다는 안도감을 느낀다. 미디어와 소비에 대한 이론으로 유명한 철학자 장 보드리야르^{Jean Baudrillard}는 《소비의 사회》에서 소비사회의 속성을 예리하게 설명한다.

"현대인은 형식적 합리성이라는 강력한 원칙을 가지고 태어났다. 이 원칙은 다음의 두 가지 사항을 행하도록 한다. (1) 조금도 망설임이 없이 자기 자신의 행복을 추구하게 한다. (2) 자신에게 최대한의 만족을 줄 사물을 선호하도록 한다. (중략) 현대 자본주의의 근본적인 문제는 이제는 잠재적으로 무한한 생산력과 생산물을 팔아야 하는 필요성 사이의 모순이다. 이 단계에 도달한 체계에서는 생산 장치만이 아니라 소비 수요를, 가격만이 아니라 그 가격에 요구되는 내용을 통제하는 것이 사활 문제가 된다."

보드리야르에 의하면 현대사회의 근본적인 문제는 생산과 소비 사이의 넓은 간극에서 비롯된다. 최대 이윤을 보장하는 대량생산은 오직 대량소비를 전제로 삼을 때 가능하다. 생산력이 아무리 향상되더라도 상품이 팔리지 않으면 기업은 유지하기가 어려워진다. 20세기 초반의 대공황, 그리고 이후 몇 차례의 불황 역시 기업의 대량생산을 소비가 따라가지 못하면서 발생했다. 그렇기에 대규모 소비를 조직하는 일은 사회적으로 중요한 과제다. 다시 말해 소비사회는 어떻게 해서든 대량소비를 계속 만들어내야 하는 기업의 필요와 소비자의 왕성한 구매 욕구가 만나는 곳에서 발전한다. 문제는 소비자의 왕성한 구매 욕구를 어떻게 끌어내느냐에 있다. 일상적인 대량소비가 실현되려면 소비자가 최소한의 필요 이상을, 최대한의 필요를, 더 정확히 말하자면 자기의 재정 능력 이상으로 소비하도록 유도해야만 한다. 이를 위해서는 "자신에게 최대한의 만족을 줄 사물"을 소비할 때 "자기 자신의 행복을 추구"할 수 있다고 생각하도록 하고, 이를 위한 행동에 조금의 망설임도 없이 나서도록 만들어야 한다.

특히 우리 의식이 자기 '과시'를 중시할 때 실질적 필요 이상의 과소비가 성공적으로 조장된다. 높은 가격이 높은 지위를 연상시켜 구매를 확대한다는 '베블런 효과'로 잘 알려진, 소스타인 베블런[Thorstein Bunde Veblen]이 《유한계급론》에서 언급한 것처럼 말이다. "좀 더 훌륭한 재화를 소비하는 것은 부의 증거이기 때문에 명예로운 일이 된다. 반면 양적으로나 질적으로 기준에 미달하는 소비는 열등함과 결함의 징표가 된다."

한국은 자본주의가 일찍 발달했을 뿐 아니라 경제력 면에서도 우리보다 앞서 있는 미국과 유럽의 선진국에 비해 소비사회 논리가 더 광범위하게 퍼져 있다. 하지만 그 결과가 개인의 행복으로 이어지고 있는지는 깊게 고민해야 할 문제다. 세계 제일의 소비사회는 빛보다 그늘이 더 짙기 때문이다. 한국인은 사회가 개인에게 사실상 강요하는 '평균적 소비'를 위해 거의 전 생애를 노동에 바쳐야 한다. 평균적 소비를 위해 많은 이들이 주어진 노동에 성실하게 전념한다. 장시간에 걸친 강도 높은 노동이 매일 반복될 때 정신과 몸은 지칠 대로 지쳐서 다른 무언가를 할 수 있는 에너지가 고갈된다. 내면의 풍부함을 기르기 위해 독서나 문화·예술을 통해 교양을 쌓는 일은 사치스러운 행위로 전락한다. 결국 지친 몸과 정신적 스트레스를 한 방에 날려버릴 자극적 유흥문화에 집착하게 된다. 이 과정에서 소비의 자유는 확대될지 모르지만, 인간은 가장 억압적 상태에 빠진다. 소비사회에서 소비 이외에는 아무것도 생각할 수 없는 사회적 미숙아가 되어가는 것이다.

씨름 한판 할까?

잊혀가는 씨름

종합격투기가 격투기의 대명사로 자리 잡기 전 씨름이 유행한 적이 있다. 1980년대 초반부터 십여 년 이상 국민적 인기를 누렸다. 고등학생이든 대학생이든 힘 자랑을 하고 싶을 때 "우리 씨름 한판 할까?"라는 말을 자연스럽게 꺼냈다. 대학 캠퍼스 내 잔디밭에는 서로 바지를 붙잡고 씨름하는 학생들의 모습이 흔했다. 모래가 지천인 여름의 해수욕장에서는 더 자주 볼 수 있었다. 씨름을 즐기기 위해서는 별도의 준비가 필요 없다. 바지 허리춤을 잡기만 하면 됐으니 말이다.

　'천하장사 이만기'는 씨름의 유행을 알리는 상징이었다. 1985년 천하장사 씨름대회 결승전에서 이만기 선수가 승리하며 포효하는 장

씨름하는 모습.

면이 특히 많이 알려져 있다. 이만기가 등장하기 전까지만 해도 키가 크고 체중이 많이 나가면 일방적으로 씨름에서 유리할 거라고 여기는 사람이 많았다. 하지만 비교적 경량급에 속하는 이만기가 혜성처럼 등장해 거구의 선수들을 쓰러뜨리자 그 편견도 함께 깨졌다. 일종의 '이만기 신드롬'이 생긴 것이다.

이만기는 자신보다 몸집이 더 큰 선수들을 순식간에 들어올리고, 화려한 기술을 구사해 씨름이 얼마나 흥미진진한 경기인지 보여주었다. 경기 시작과 동시에 전광석화처럼 승부를 내는 공격적인 씨름이 눈길을 끌었다. 여기에 군살 없는 근육질 몸매에 수려한 외모까지 더해져 그는 일약 최고 스타가 되었다. 하지만 지난 이십 년 사이에 자극의 인플레이션이 극심해지면서 씨름은 밋밋한 승부로 치부되었다. 어려서부터 컴퓨터와 온라인 게임에 익숙한 세대가 늘어난 것도 주요하게 작용한다. 게임 속에는 온갖 무기를 동원해 유혈이 낭자한 승부가 펼쳐지고, 심지어 총을 난사해 가상의 적을 무제한 죽이는 장면이 많으니 자극이 강해지는 건 불 보듯 뻔하다. 상대를 다치지 않게 하면서 힘과 기술로만 승부를 가리는 씨름이 이미 커져버린 자극 욕구를 충족시키기에는 부족해 보인다. 씨름과 함께 인기를 끌었던 권투조차 맥을 쓰지 못한다. 온몸을 무기로 삼아 공격하는 종합격투기 정도가 되어야 관심을 끌 수 있을 뿐이다.

씨름과 한국

다시 씨름 이야기를 해보자. 씨름은 한국 고유의 운동으로, 두 사람이 상대방의 허리와 다리에 감은 샅바를 잡고 힘을 겨룬다. 손·발·허리 등 몸 전체의 근육과 기술을 고루 사용하여 상대 선수의 무릎 위 신체 부위를 모래판에 먼저 닿게 하면 승리한다. 순발력·근력·지구력·체력 등 신체적인 요소, 다양한 손기술·발기술·허리기술, 나아가서는 정신력까지 다양한 요소가 종합적으로 요구된다.

그런데 씨름은 한국인에게 격투 스포츠나 건강을 위한 운동 이상의 의미가 있다. 씨름에 관한 가장 오래된 역사 자료는 만주의 북방계 부족들과 연합하여 만든 고대 고구려의 고분인 각저총 벽화인

고구려 각저총 벽화, <씨름>, 5세기 초반(한성백제박물관 소장).

<씨름>으로 볼 수 있다. 벽화에 담긴 상대방의 샅바를 잡고 어깨를 맞댄 채 허리를 약간 구부린 자세는 현재의 경기방식과 차이가 없다. 고대의 경기방식이 원형에 가깝게 지금까지 이어지고 있음을 알 수 있다. 씨름이 정확히 언제부터 시작했는지 알 수 없지만, 5세기 초반 벽화에 상당한 비중으로 묘사되었음을 볼 때 그 역사가 꽤 길다고 짐작할 수 있다.

또한 벽화 속 왼쪽의 나무는 동서양을 막론하고 고대에서 '성스러운 나무'를 뜻한다. 생명의 원천이 되고 땅과 하늘을 잇는 통로다. 고대 벽화에서 나무 위의 새가 이승과 저승을 연결하는 상징임을 고려할 때 씨름이 중요한 사회적 의식이었음을 짐작할 수 있다. 게다가

나무 밑동에 기대고 있는 곰과 호랑이는 한국 최초의 건국신화에 등장하는 주요 동물이다. 씨름이 민족의 정체성과도 연결되어 있는 것이다.

뿐만 아니라 씨름은 특정 계층에 한정되지 않고 사회구성원 누구나 폭넓게 즐기던 경기였다. <씨름> 이외에도 여러 고분에서 씨름을 그린 벽화가 발견된다. 고분이 왕족이나 귀족의 무덤이었다는 점은 당시 씨름의 인기를 실감하게 한다. 그런데 벽화에 묘사된 씨름하는 인물들의 모습에서 특별히 귀족을 나타내는 복장이나 머리 모양이 보이지 않는다는 점은 씨름이 일반 평민에게도 널리 사랑받았음을 추측하게 한다. 신분의 높고 낮음 없이 사회구성원 다수가 씨름을 즐겼다는 점은 한국 고대국가의 역사서에서도 확인된다. 《삼국사기》에는 한반도의 패권을 놓고 고구려와 겨뤘던 신라의 왕족인 김춘추와 귀족인 김유신이 씨름을 하다가 옷고름이 떨어졌다는 기록이 나온다. 《고려사》에는 14세기 초중반에 이르러서는 역사상 유례가 없을 정도로, 왕을 위시하여 신하나 용사 등을 비롯한 많은 사람이 씨름을 즐겼다고 쓰여 있다. 이 시기가 칭기즈칸에 의해 만들어진 몽골제국의 지배 아래 있었다는 점도 주목할 필요가 있다. 외부 침략으로 고통받던 시기에 씨름이 온 나라에 크게 유행했던 것이다. 씨름을 통해 내부의 정체성과 단결력을 강화하려는 의도를 엿볼 수 있는 대목이다. 씨름이 특정 계층의 전유물이자 놀이를 넘어 사회구성원 전체의 정체성과 긴밀하게 연결되어 있음을 알게 한다.

조선시대의 화가 김홍도의 풍속화 <씨름>도 신분과 나이를 가

김홍도, 〈씨름〉, 《단원 풍속도첩》, 18세기 말(출처: 국립중앙박물관).

리지 않고 사회구성원을 하나로 연결해주던 씨름의 사회적 역할을 확인하게 한다. 씨름을 묘사한 옛 그림 가운데 한국인에게 가장 잘 알려져 있는 작품이기도 하다. 특히 승부의 결정적인 순간을 생생하게 담아내고 있다. 뒤편의 선수가 상대의 다리를 잡아채는 손기술을 이용하여 쓰러뜨리려 한다. 이에 대응해 앞의 선수가 상대의 몸을 들어 올리며 허리의 힘을 이용하여 모래판에 꽂을 기세다.

　주변에 빙 둘러앉은 사람들은 구경꾼이다. 자세히 살피면 윗부분이 솟아 있고 둘레가 넓은 '갓'을 쓰거나 내려놓은 몇몇 사람이 보인다. 갓은 당시의 귀족이라고 할 수 있는 양반 계급을 상징하는 모자다. 가죽으로 만든 신발이나 소매 깃이 넓은 옷도 양반의 특징이다. 반면 짚으로 만든 신발이나 소맷귀가 좁은 옷을 입은 사람들은 평민이다. 머리를 묶어 위로 세운 '상투'는 결혼한 어른을 의미한다. 이 중에는 수염이 덥수룩한 꽤 나이가 많은 사람도 있다. 상투 없이 머리를 뒤로 땋은 모습은 어린아이를 나타낸다. 신분이 높은 사람과 낮은 사람, 어른과 아이가 자리를 나누지 않고 섞여 앉아서 함께 즐기는 것이다. 당시가 계급과 연령의 구별이 엄격했던 신분제 사회였음에도 불구하고, 씨름이 사회적 구별과 격차를 넘어 모두를 이어주는 끈 기능을 했던 것이다.

평화 메신저로서의 씨름

씨름은 한국인에게 축제의 장이기도 하다. 온 마을 사람이 함께 참여하고 구경하는 씨름은 주요 절기에 즐기는 민속놀이로서의 성격도 지닌다. 또한 씨름은 주요 명절처럼 경사스러운 날에 사람들의 흥을 돋우던 대표적인 놀이 가운데 하나다. 그러므로 마을에 씨름판이 열린다는 것은 곧바로 본격적인 축제의 시작을 알리는 신호였다.

　　이처럼 씨름은 여러 측면에서 개인의 기량과 취향을 넘어서는 사회·집단적 의미를 지녔다. 따라서 온 민족이 수십 년 동안 나라를 잃고 고통에 신음하던 일제강점기, 즉 20세기 초반 일본의 식민 통치 시기에도 씨름은 생명력을 유지할 수 있었다. 실제로 전국 규모의 씨름대회가 무려 한 달에 걸쳐 열린 해가 많았다. 사회구성원 내부에 집단적 정서를 형성하며 적극적인 호응을 얻었기에 한 달 동안 전국에서 활발한 참여가 가능했다. 식민 통치 말기에 일제의 탄압으로 중단되기 전까지 씨름은 민족의 독자성과 정체성을 유지하는 역할을 했다.

해방 이후 남한과 북한으로 민족이 분단된 이후에도 두 지역에서는 각기 씨름이 끊이지 않고 이어졌다. 남한에서는 식민지 해방 직후부터 전국체육대회에서 정식 종목으로 채택되었다. 이후 매년 전국과 지역 단위에서 각종 씨름대회가 열린다. 중고등학교·대학교 등에서 만들어진 단체는 물론이고 각 지역과 기업을 대표하는 팀에서 수많은 선수가 활동 중이다. 북한에서도 매년 추석이면 전국적으로 가장 큰 씨름대회가 열리고, 음력 5월 5일 단오절에는 마을 단위의 씨름대회, 6월 1일 국제아동절에는 소년 씨름대회가 열리는 등 여전히 주요 행사로 명맥과 전통을 유지하고 있다.

2018년 씨름은 유네스코에 의해 남북 공동 세계문화유산으로 등록되었다. 등록 과정에서도 씨름이 갖는 사회적 의미와 남북 모두에서 활발하게 진행되는 상황 등을 인정받았다. 유네스코 무형유산위원회는 "남북 씨름이 연행과 전승 양상, 공동체에 대한 사회적·문화적 의미에서 공통점이 있다"라고 했다. 남북에서 각기 세계문화유산으로 신청한 씨름이 거의 같은 형식을 갖추고 있다는 점, 또한 운동경기에 머물지 않고 사회문화적으로 큰 의미를 지니는 점 등을 적극적으로 인정한 것이다.

또한 무형유산위원회에서 공동등재 배경으로 "평화와 화해를 위한" 차원을 언급한 점도 주목할 만하다. 씨름이 남북 사이의 대립과 갈등을 완화하고 평화와 화해를 위한 길을 여는 데 적극적인 역할을 하리라 기대된다는 것이다. 남한과 북한은 서로 다른 사회체제를 가지고 오랜 기간 정치·군사적 대립을 거듭해왔다. 육십 년 이상 분단과 대립이 이어졌기 때문에 이미 사회제도나 운영방식에서 상당히 이질적인 요소가 깊게 자리 잡았다. 이러한 상황에서 씨름이 남북 공동 세계문화유산으로 등록된 것은 남다른 의미를 지닌다. 하나의 민족이라는 막연한 유대감을 넘어 각 구성원이 동질감을 느끼고 구체적으로 참여할 수 있는 문화적 통로가 있다는 점에서 실질적이다. 물론 과거에도 탁구나 청소년 축구, 아이스하키 등에서 남북이 단일한 팀을 구성하여 국제대회에 참여한 적이 있다. 하지만 이러한 시도는 특정 대회를 염두에 둔 일시적 행사이고, 승부 이외의 정서적인 공유가 부족하다는 한계가 분명하다.

이에 비해 씨름은 민족적인 정서가 사람들의 마음속에 깊이 뿌리를 내리고 있다. 또한 남북 공동 세계문화유산으로 등록되었기 때문에 남북이 지속적으로 연결될 수 있는 통로가 마련됐다는 점에서도 의의가 있다. 실제로 남북한 당국과 체육단체 사이에 향후 공동으로 개최할 수 있는 씨름대회에 대한 논의가 이루어지고 있다. 씨름이 남북 '평화 메신저'로서 첫발을 내딛는 중이다. 수천 년에 이르는 공통의 문화이기에 교류의 물꼬만 트인다면 그만큼 빠르게 서로의 마음속에 파고들 가능성이 커진다.

만약 남북한이 전 민족이 참여하는 정기적인 공동 씨름대회에 대한 합의에 도달한다면 평화와 화해를 향한 더 큰 발걸음을 내딛을 수 있다. 남북 각 지역에서 누구나 참여가 보장된 예선대회가 열리고, 광역 지역 우승자끼리 전국대회에서 최종 승부를 가리는 큰 행사가 열린다면 남북 간의 문화·정서적 이질성을 극복하는 데 거대한 분기점이 되리라 기대한다. 나아가 씨름을 세계인이 즐기는 놀이이자 운동으로 만들어나가는 과정에서 함께 쏟은 노력도 남북 협력의 새로운 발판으로 작용할 것이다.

숫자리의
정치
수다

음모가 세상을 움직인다고!

정치와 음모론

술자리에서 빠질 수 없는 잡담 안주가 정치 이야기다. 안주는 씹는 맛이 있어야 한다. 현실 정치와 정치인을 험담하는 재미는 웬만한 안주보다 더 미각을 자극한다. 게다가 돈을 낼 필요가 없는 무료 서비스다. 요리 재료도 무궁무진하다. 정치권에서 사람들의 구미를 당기는 이야깃거리를 끊임없이 만들어준다. 여기에다 음모론이 더해지는 경우까지 있다. 음모론은 사람들의 호기심을 잔뜩 불러일으키기 때문에 인기가 많을 수밖에 없다.

　음모론과 관련된 흥미로운 그림이 한 점 있다. 동물 그림을 통해 인간사회의 부조리를 풍자하는 미국 화가 윌리엄 홀브룩 비어드^{William}

Holbrook Beard의 <포커게임>이 그것이다. 그림에는 여러 마리의 원숭이가 주인공으로 등장한다. 테이블에 둘러앉아 도박에 열중한다. 모두 패를 감추고 확실한 승리를 위해 결정적인 순간을 준비한다. 겉으로는 표정이 없지만, 뒤로는 날카로운 이빨과 발톱을 숨기고 있을 것만 같다. 건너편에서 자기 패를 하나 내놓자, 다들 고심에 빠져든다. 한 손으로 턱을 만지고 자기 패를 다시 보며 승부수를 던져야 할지 고민한다.

그림을 조금 더 꼼꼼하게 살피면 그 이면이 눈에 들어온다. 다른 주인공도 보인다. 왼편 구석에 불빛과 테이블의 원숭이들로부터 등을 돌리고 앉아 있는 이가 심상치 않다. 이 판을 움직이고 있는 주인

윌리엄 홀브룩 비어드, <포커게임>, 1887.

공은 패를 들고 있는 원숭이들이 아니라, 아무 관련이 없어 보이는 이 어둠 속의 존재라는 느낌이다. 서양 회화에서 등을 돌리는 모습은 기만·속임·배반을 의미한다. 음모를 통해 상대를 수렁에 빠뜨리는 것이다. 게다가 그림 속 존재는 등이 높은 의자에 앉아 있어서 돌아앉는 순간 머리도 보이지 않는다. 무언가 흉계를 꾸미는 시선이다. 묘한 웃음을 띠고 있는 것으로 보아 미리 치밀하게 마련한 음모대로 판이 진행되는 중인 듯하다.

도박과 관련된 영화를 보면 흔히 접하는 상황이다. 은밀하게 설계한 도박판에 돈 많고 어수룩한 '호구'를 끌어들여 꼼짝달싹 못 하게 하고 전 재산을 날리게 만드는 술책 말이다. 그런데 요즘에는 전문적인 도박판에서만 만나는 이야기가 아니다. 각종 정치평론에서 드물지 않게 접하는 음모론적 분석도 크게 다르지 않다. 대상만 정치로 바뀌었을 뿐이지, 겉으로 드러나지 않는 어둠 속의 플레이어가 존재한다. 상황 이면에 숨어 있는 그림자 세력의 의도에 의해 현실이 움직인다는 분석이다.

정치평론가의 성향이 보수든 진보든 가리지 않고 음모론이 판을 친다. 특히 유튜브 정치평론이 홍수를 이루면서 음모론이 더 크게 유행하는 중이다. 당면한 정치적 현상을 잠시 언급한 후에 곧바로 분석의 주요 근거로 소문과 루머가 등장한다. 배후에서 누가 무엇을 노리고 있는지, 어떤 의도가 있는지에 주목한다. 특정 정치인의 사소한 발언이나 행위 뒤에는 실제 권력을 지닌 자의 거대한 의도나 대권 계획이 깔려 있다고 한다. 정책 배경에 북한이나 중국의 음모가 숨어 있다는 주장도 지겹도록 되풀이된다. 주요 선거가 끝나면 개표기 조작을 통한 음모론이 불쑥 고개를 내민다.

음모론의 시대

한국만의 현상은 아니다. 전 세계가 음모론으로 몸살을 앓고 있다. 최근 가장 뜨거운 소재는 단연 코로나19의 세계적 대유행을 둘러싼 이야기다. 코로나 바이러스가 정치적 목적으로 만들어진 생물학 무기의 일종이라는 것이다. 미국과 중국 사이에 세계 패권을 둘러싼 첨예한 갈등이라는, 그럴듯한 역사적 근거까지 동원된다. 서로의 책임을 주장하는 폭로가 난무한다. 중국 우한의 실험실에서 만들어졌다는 주장에 맞서 미국이 중국 경제에 타격을 주기 위해 퍼뜨렸다는 주장도 등장했다.

각종 음모론을 실은 책도 출판 붐을 일으키고 있다. 음모론은 온라인 공간에 거의 한정된 현상이었는데 최근에는 책에서도 쉽게 접할 수 있다. 대개 음모론의 천국이라 할 수 있는 미국에서 쏟아져 나온다. 비교적 최근의 사건도 일부 다루지만, 대체로 과거의 대표 사건을 되짚는 내용이 기본 골격을 이룬다.

미국에서 출판된 《음모론》도 그러하다. 표지에 소개된 사진만 봐도 어떤 사건을 다루는지 금방 알 수 있다. 정치 음모론을 거론할 때 단골로 등장하는 대표적인 국제 사건이다. 먼저 케네디 대통령이 총탄에 맞아 암살당하기 직전의 사진이 눈에 들어온다. 암살을 놓고

《음모론》의 표지, 2018.

여러 갈래의 음모론이 판을 친다. FBI의 후버 국장을 해임하려 들자 죽였다는 설, CIA의 제3세계나 서유럽 반공 극우파 지원을 막자 죽였다는 설, 소련과 평화를 추구하고 군비를 감축하려 들자 군산복합체가 죽였다는 설, 미국 화폐제도와 금융 체제를 개혁하려 들자 유대계 금융자본 세력이 죽였다는 설 등 참으로 다양하다. 1997년 자동차 사고로 짧은 생을 마감한 영국 다이애나 왕비의 죽음을 둘러싼 음모론도 줄기차게 이어진다. 사고 당시 동행했던 이집트 출신 억만장자 아들의 아이를 가졌기 때문에, 왕세자비의 무슬림 자식 출산을 반대해 영국 왕실이 살해했다는 설이 대표적이다. 다이애나가 생전에 활발히 펼치던 지뢰 금지 운동을 중단시키기 위해 왕실이 사고를 위장해 죽였다는 설, 다이애나가 반인권 국가에 무기에 수출하려던 영국 정부의 계획을 비난하려 하자 정보기관에서 죽였다는 설도 있다.

수다의 인문학

트럼프 대통령도 여러 종류의 음모설에 휩싸여 있다. 다른 주인 공이 대상자라면 그는 음모론을 퍼뜨리는 당사자다. 트럼프는《폭스 뉴스》앵커와의 대담에서 "공화당 전당대회에 비행기로 폭력배를 실어 날랐다"라고 하거나 "일부 부자들이 인종차별 시위에 돈을 댄다"라는 말을 거침없이 쏟아냈다. 유명한 자선사업가이자 민주당 후원자인 투자가 조지 소로스$^{George\ Soros}$가 경찰 폭력을 규탄하는 시위에 자금을 대고 있다는 온라인의 음모론을 그대로 옮긴 것이다. 또한 "조 바이든이 누군가에 의해 조종된다"라며 민주당 대선 후보를 향한 음모론도 펼쳤다. 바이든은 허수아비일 뿐 은밀한 세력이 실질적인 정치권력을 휘두른다는 주장이다.

한국도 정치 사건에 대해 꽤 많은 음모론이 제기되어 왔다. 5·18 민주화운동은 몇 년에 한 번씩 되풀이되는 단골 소재다. 광주 시민의 자발적인 시위가 아니었다는 게 주요 골자다. 몇몇 극우 인사는 당시 북한이 600명의 특수부대를 침투시켜 광주를 점거하고 무장봉기를 일으켰다고 주장한다. 심지어 이것이 과학적인 안면분석이라며 1980년 당시 시위하는 사진 속의 인물들이 현재 북한의 관리들과 일치한다는 주장을 펼친다. 광주를 둘러싼 음모론의 황당한 근거에도 불구하고 보수 정당의 정치인들이 북한군 개입 여부를 밝히는 데 최선을 다하겠다고 다짐하는 웃지 못할 일도 일어난다.

투표와 개표 조작 주장도 여기에 해당한다. 주로 특정 정당의 사전투표 득표율이 본투표에 비해 과도하게 높다거나, 사전투표에서 고령층이 예상과 다르게 높게 나왔다는 점 등이 거론된다. 이를 근거로 사전투표에 참여하지 말라는 홍보를 벌이기도 한다. 혹은 몇몇 지역의 득표율이 매우 비슷하다는 점을 근거로 개표가 인위적으로 조작되었다는 주장도 나온다. 투표지 분류기를 이용한 전산 조작이라는 것이다.

음모론, 무엇이 문제인가?

우리가 직접 볼 수 있는 건 '현상'이다. 그러니 현상 이면의 배경이나 원인을 추적하는 음모론의 시도 자체는 문제가 아니다. 오히려 정치 분석이라고 한다면 적극적으로 추구해야 할 일이다. 사회·정치 현상은 대부분 원인과 직선으로 연결되지 않는다. 하나의 현상이 나타나기까지 사회경제적인 구조, 문화적인 전통, 집단적인 이해관계, 심리적인 요인 등에 이르기까지 수많은 요인이 작용하기 마련이다. 여기에 예상치 못한 우연까지 결합하기에 더욱 복잡해진다. 실선으로 연결된 부분과 점선으로 연결된 부분이 뒤죽박죽 섞인다. 심지어 영향을 미치는 선이 괄호 안에 있어서 보이지 않을 때도 많다. 상승과 하강 추세조차 뚜렷한 양상으로 나타나기보다는, 나선형이기 일쑤여서 짧은 국면만 봐서는 방향을 가늠하기 힘든 경우가 많다. 날카롭고 세심한 정세분석과 상황분석이 필요한 이유다. 문제는 음모론이 체계적이고 구체적인 분석과 거리가 멀 뿐만 아니라, 오히려 진실에 접근하지 못하도록 가로막는다는 점이다. 그림자에 가려 실질적인 구조와 관계가 사라져버린다. 현상과 음모가 단선으로 연결된다. 게다가 배후의 의도를 알 방법도 없다. 상대의 내면은 객관적으로 분석할 수 있는 대상이 아니다. 결국 음모론은 우리의 생각이 현상과 허상 사이를 오락가락하며 허우적대도록 만든다.

그럼에도 왜 음모론이 판을 치고, 사람들은 거기에 빠져드는가? 어떤 상황을 분석할 때 누군가의 비밀스러운 의도와 연결하는 순간 아주 간명해지기 때문이다. 은밀하고 대단한 배후를 알았다는 만족감도 얻을 수 있다. 음모론을 제기하는 쪽은 상대가 근거를 요구하면 은밀한 의도이기에 객관화하기 어렵다고 변명할 수 있다. 설사 예상과 다르게 상황이 전개된다고 해도 또 다른 음모론으로 설명하면 될 일이다. 그러나 모두 알다시피 음모론은 당장은 사람들에게 정치에 관한 관심을 불러일으키는 듯하지만, 실제로는 정치적 무력감과 무관심에 빠트린다. 음모론은 배후 세력으로서 '그림자 정부'를 설정하는 경우가 많다. 한국사회에서 음모론의 대표 저서로 읽히는 이리유카바 최[Iriyuk'aba Ch'oe]의 《그림자 정부》가 밝힌 다음의 결론은 음모론의 문제점을 시사한다.

"언론은 날이 갈수록 점점 더 사실을 왜곡하고 거짓을 소개하여 시청자나 독자들을 무식한 우스갯거리로 만든다. 그것은 우리가 세뇌당하고 있다는 말과 다를 바 없다. 그런데 그들의 뒤에는 그림자 정부가 존재한다. (중략) 그들은 계획을 추진할 때는 항상 옳은 말만 한다. 그러나 목적을 달성한 후에는 완전히 정반대의 결과가 도출되고, 대중이 이러한 진실을 알았을 때는 이미 모든 것이 늦어 그 전 상황으로 되돌릴 방법이 없다."

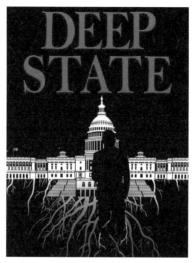

《그림자 정부》의 표지, 2019.

최에 의하면 정부 정책을 좌지우지하고, 언론을 움직여 우리의 생각을 조종하는 그림자 정부가 세상을 움직이는 실질적인 힘이다. 이들은 중요 정치인, 은행가, 대기업 총수나 간부, 언론사 사주와 중역, 군인, 법률가 등으로 구성된다. 눈에 보이지는 않지만, 금융·국방·정당·종교 등 모든 분야를 장악하고 있다.

현실의 전면에 나서지 않고 보이지 않는 그림자 세력이 지배하기에 사람들은 알아채지 못한다. 여론 형성의 주요 통로가 되는 언론 매체에 손을 뻗치고 있기에 정치·외교적인 사건이나 경제 위기 등이 사전에 치밀하게 계획한 공작의 결과라는 점을 알기 어렵다. 나아가 겉으로는 '옳은 말', 다시 말해 정의를 위하여 세상의 질서를 바로잡겠

수다의 인문학

다며 보편적 가치를 내세우기에 대중의 공감을 얻고 성원까지 받기도 한다. 말과 정반대의 결과가 나타난 후에야 일이 잘못되었음을 알게 된다. 하지만 대중은 결과를 되돌리거나 현실에 영향을 미칠 수 없다. 현실은 늘 사람들의 생각과 행위가 미치지 않는, 비밀스러운 세력의 음모에 의해 움직이기 때문이다. 이처럼 음모론은 세상이 자신의 실천과 무관하게 움직인다는 사고방식, 스스로 자신을 국외자로 취급하는 무력감을 심어준다. 이것이 여러 차례 되풀이되면 사회와 정치에 대한 냉소와 무관심으로 돌아선다.

음모론의 대중적 유포는 항상 그 주장을 대규모로 퍼뜨리는 매개체의 도움을 받아야 한다. 대부분은 대중매체가 그 역할을 맡는다. 언론의 입장에서는 대중매체가 대중적으로 인기가 높은 도구이기에 마다할 이유가 없다. 많은 인력을 동원하여 사실 확인을 하는 수고를 쏟지 않아도 되니 일석이조다. 결국 음모론은 지적인 게으름과 상업주의가 만나는 곳에서 형성된다.

정치가 무슨 코미디냐?

정치인 때문에 생기는 비웃음

정치에 관해 이야기할 때 자주 언급되는 말이 있다. "정치가 무슨 코미디냐!"라는 날이 선 불만 말이다. 정치인의 발언이나 행동 중 쓴웃음을 자아내게 하는 경우 나오는 반응이다. 실제로 코미디와 비교되는 사건도 많다. 상황에 맞지 않는 엉뚱한 이야기나 행위, 금방 드러날 거짓말, 자신의 소속 정당에 불리한 줄도 모르고 벌이는 행위 등이 그렇다. 몇 가지 사례를 들어보자. '옥새 들고 나르샤' 사건을 듣고 많은 사람이 배꼽을 잡았다. 국회의원 선거를 앞두고 어느 정당 대표가 공천 배제에 반발해 지방으로 내려가버렸다. 공천관리위원회 추천장에 대표 직인이 없으면 효력이 없음을 이용한 것이다. 당시 <육룡이

나르샤>(2015)라는 텔레비전 드라마가 인기를 끌었는데 이에 빗대 생긴 말이다. 이 정치인은 후에 해외에서 입국하며 공항 입국장에 마중 나온 보좌관 쪽을 보지도 않고 캐리어를 밀어 전달했는데, 그 모습 때문에 '노룩패스'라는 말까지 생겼다.

지역감정에 따른 선거가 만든 일들도 있다. 예전에 지방선거에서 한 후보가 선거운동 시작 며칠 전에 실종돼 가족이 대리등록을 했다. 이후 선거기간 내내 얼굴 한 번 내비친 적이 없었는데 결국 당선되었다. 그러다 선거 열흘 후에 야산에서 자살한 시신으로 발견되어 당선이 취소되었다. 지역감정이 기승을 부리면서 "강아지나 부지깽이를 후보로 내세워도 당선된다"라는 말이 그리 과장이 아님을 잘 보여준 사건이다.

우리 정치판에는 우스꽝스러운 장면이 수없이 많다. 앞뒤가 맞지 않는 언행은 예사로 벌어진다. 오죽했으면 예전에 코미디언 출신 국회의원이 "4년 동안 코미디 공부 많이 하고 떠난다"라는 유명한 말을 남기고 정계 은퇴 선언을 했겠는가. 보통은 자신의 무능력이나 사적인 이익 추구를 국민과 정의를 위한 고결한 선택인 양 포장하는 과정에서 코미디 같은 상황이 발생한다. 사정이 이러하니 "정치보다 재미있는 개그가 어디 있냐"라거나 "정치인 때문에 개그맨이 실업자가 될 상황이다"라는 말이 절로 나온다.

그렇지만 코미디가 통렬한 정치 풍자를 보여준다면 짜증은커녕 두 손을 들어 반길 일이다. 정치의 코미디화가 짜증과 분노를 유발한다면, 정치를 비틀어 보여주는 코미디는 통쾌한 웃음과 현실에 대한 안목까지 선사하니 일거양득이다. 미국 배우 찰리 채플린^{Charles Chaplin}은 코미디를 통해 사회부조리와 부패·억압으로 얼룩진 정치를 풍자한 대표적인 인물이다. 그의 흑백 영화 한두 편은 대부분 봤으리라. 히틀러를 풍자한 영화 <위대한 독재자>(1940)의 한 장면에는 현실의 독재자를 패러디한 3명의 주인공이 등장한다. 힌켈은 히틀러, 나팔로니는 무솔리니, 가비치는 괴벨스를 패러디한 캐릭터다. 독일과 이탈리아 파시스트 정당의 두 독재자가 오스트리아 합병을 놓고 주도권 싸움을 벌인다. 독일의 대통령 집무실에서 담판을 위한 회담이 열린다. 힌켈은 회담을 앞두고 가비치와 대책을 논의하던 중 "나팔로니의 군대가 점령하게 할 수는 없다. 그건 내 거야!"라며 어떻게 하면 자신이 우위에 있음을 보여줄 수 있을지 고심한다. 이에 가비치는 "이번 회담은 각하가 우월하다는 걸 그에게 인식시키는 게 목적"이라며 그가 열등한 위치에 있음을 확실히 인식시킬 방법을 찾는다.

　가비치는 독일 선전부 장관으로 나치의 선전 및 미화를 책임졌던 괴벨스를 상징하는 인물답게 계략을 꾸민다. "응용 심리학을 이용해서 그가 열등하다는 걸 느끼게 하는 거죠. 회담에서 각하를 밑에서 우러러보게끔 자리를 배치해놓았습니다. 각하는 높이 앉아서 내려다보시는 거죠. 여기 각하의 흉상 옆에 앉게 하면, 각하가 쉬실 때도 계속 흉상이 그를 눈으로 제압하는 효과를 얻는 거죠." 그런데 정작 나팔로니가 회담 장소인 집무실에 들어와 예상치 못한 행동을 하면서 계획은 꼴사납게 망가진다. 들어오자마자 등짝을 후려치자 힌켈이 고꾸라진다. "안녕하신가, 힝키군? 자네는 참 괜찮은 꼬마야"라며 그

영화 <위대한 독재자>의 한 장면.

의 왜소한 체구를 놀린다. 그런데 다리가 거의 없는 아주 낮은 의자였던 터라 그곳에 앉으니 힌켈을 올려다보는 자세가 된다. 힌켈은 거드름을 피우는 자세로 내려다본다. 나팔로니가 당황하며 "내가 아직도 자라고 있나? 나한테 아기용 의자를 주었구만"이라고 말하는 순간이다. 하지만 금방 상황이 역전된다. "영 못 앉겠군. 여기 앉는 게 낫겠어!"라며 탁자 위에 올라와 앉는 것이다. 이제 의자에 앉은 힌켈을 내려다보는 위치로 바뀐다. 탁자 위의 힌켈 흉상을 통해 제압하려던 계획도 물거품이 된다. 여기에다 나팔로니가 흉상 머리에 담뱃불을 끄는 도발을 저지른다. 이 장면 외에도 <위대한 독재자>에는 웃음과 함께 날카로운 비판의식을 전해주는, 정치 풍자의 매력을 느낄 수 있는 대목이 많다. 장시간 노동, 임금 삭감, 톱밥을 섞은 빵 배급에 견디다 못해 노동자들이 파업을 일으키자 힌켈은 "모두 총살해버려"라며 명령을 내린다. 그러자 부하가 "하지만 그들 모두가 숙련된 기술공들인데요. 다른 직공들을 훈련시킬 때까지만 일을 시키다 총살하는 건 어떨까요?"라고 묻는다. 모두 죽이면 생산 속도 저하나 중단 사태가 벌어지게 되니 어쩔 수 없이 터무니없는 명령을 철회한다.

유대인을 학살하고 순수 아리아인 제국을 세우겠다는 히틀러의 지독한 인종주의도 풍자 대상이 된다. 힌켈이 "이상하군. 파업 주동자들이 모두 갈색 머리야. 금발이 없군"이라고 말하자 부하는 "먼저 유대인들을 없앤 후 갈색 머리들을 수용소로 보내죠"라고 한다. "순수 아리안족들만 남을 때까지는 결코 평화를 찾을 수 없을 거야. 금발과 푸른 눈을 가진 민족의 나라 얼마나 멋진가!"라며 희망에 들뜨자 부하는 "금발의 유럽, 금발의 아시아, 금발의 아메리카는 어떻습니까? 그리고 갈색 머리의 독재자!"라며 한술 더 뜬다. 그런데 부하는 대화 도중 내내 히틀러의 머리와 몸을 바라본다. 정작 히틀러도 갈색 머리여서, 금발에 건강한 체격을 가진 유럽 아리아인의 전형적 기준에 맞지 않았기에 조롱하는 태도를 보이는 것이다.

정치인 때문에 생기는 건강한 웃음

이번에는 정치인의 유머를 통해 정치와 코미디의 관계를 살펴보자. 미국과 유럽의 정치인 중에는 연설이나 토론에서 유머를 활용하여 대중에게 건강한 웃음과 함께 사회 현실에 대한 신선한 문제의식을 주는 경우가 드물지 않다. 한국사회에서는 오랜 기간 진보 정당 정치인으로 활동했던 고(故) 노회찬 의원이 거의 독보적이라는 점을 누구도 부인하기 어렵다.

나는 '노회찬 1주기 추모미술 전시회'에서 관람객들에게 미술 작품을 설명하는 도슨트 역할을 한 적이 있다. 노회찬을 추모하며 함께 꿈꾸는 세상을 그린다는 취지에 공감한 50여 명의 미술가가 기꺼이 참여한 자리였다. 내 경우 과거 활동 과정에서 노회찬 의원과 짧지 않은 인연도 있고, 동서양 미술작품과 함께 인문사회학을 논하는 책을 내온 터라 요청이 왔던 것 같다. 노회찬재단에서 그림 설명을 맡아 달라고 했을 때 두말할 필요 없이 승낙했다. 행사가 열린 서울 청계천 인근 '전태일기념관'에는 세 개의 층을 가득 채울 정도로 많은 작품과 활동 자료가 전시되어 있었다. 그의 죽음을 안타까워하고, 그를 그리워하는 수많은 사람의 발길이 이어졌다. 계층과 나이를 막론한 다양한 관람객이 보였다. 어린아이의 손을 잡고 찾은 가족도 자주 눈에 띄었다. 나는 관람객들에게 한 점씩 작품을 소개할 때마다 여러 생각이 머리를 스쳤다. 미술작품 속에 담긴 선배의 다양한 표정이 마치 어제의 일인 듯 주마등처럼 지나갔던 것이다. 함께 활동했던 꽤 오랜 날들이 떠올랐고, 나중에는 함께하지 못했던 데 대한 미안함도 겹쳤다. 전시된 작품 중에는 그가 대변하고자 했던 사회적 약자와 소수자의 처지를 담은 그림, 나아가 그가 추구하고자 했던 세상을 이미지로 표현한 그림도 적지 않았다. 그림 설명을 위해 관람객들과 계단을 오르내리면서 약간의 허전함이 찾아왔다. 노회찬의 탁월함은 이미지 이상으로 거침없이 쏟아내는 말을 직접 접할 때 제대로 살아날 텐데 하는 아쉬움도 있었다.

그런데 나중에 혼자 전시장을 천천히 돌아보는 도중에, 전시장 한쪽에서 그의 촌철살인 풍자가 담긴 발언 장면을 모아놓은 영상물을 발견했다. 국회의원이나 진보 정당 대표로 활동했을 당시 국회 본회의장, 정치 행사, 언론 인터뷰 등에서 큰 인상을 남긴 발언, 특히 유머를 통해 첨예한 쟁점을 풀어내는 발언이 잔뜩 담겨 있었다. 짧지 않은 영상이었는데 보는 내내 처음부터 끝까지 잠시도 눈과 귀를 떼지 못했다. 풍자가 담긴 수많은 어록 중 내가 제일 좋아하는 것이 하나 있다. "법 앞에 만 명만 평등한 것 아닙니까?" 십여 년 전 대법원장 인사청문회에서 그가 던졌던 일침이다. 대한민국 헌법은 제11조 1항에서 "모든 국민은 법 앞에 평등하다. 누구든지 성별·종교 또는 사회적 신분에 의하여 정치·경제·사회·문화적 생활의 모든 영역에 있어서 차별을 받지 않는다"라고 규정한다. 만인이 법 앞에 평등함을 강조한 내용이다. 누구나 다 알고 있을 익숙한 내용이다. 모든 영역에서 차별을 금지한다는 원칙이다.

그러나 법이 만인에게 평등하지 않다는 점 역시 대부분 알고 있다. 가장 기초적인, 법 앞의 평등이 실현되어야 할 공정한 재판조차 무너진 사례를 자주 접한다. 한국사회에서 '유전무죄, 무전유죄'가 상식처럼 되어 있으니 말이다. 한국 사법부는 대법원·고등법원·지방법원으로 이어지는 피라미드 체제를 갖추고, 각 지위에 따른 권한과 급료의 격차를 통해 수직적 관리·통제가 이루어진다. 여기에 세계적으로도 희귀하면서 사실상 범죄행위나 다를 바 없는 전관예우 관행까지 작용하여 승진을 위한 충성경쟁에 불이 붙는다. 판사나 검사 출신이 변호사 사무실을 개업했을 때 일정 기간 재판에서 '예우'해주는 관행 말이다. 해당 변호사가 맡은 재판에 대해 검사와 판사가 최소 형량을 구형하거나 선고함으로써 막대한 금전적 이익을 보장해준다. 판사 재직 시절의 직위가 높을수록 전관예우 이익이 크기 때문에 승진에 매달리게 되고, 그만큼 판결은 왜곡된다. 자연스럽게 권력과 부가 재판에 크게 영향을 주면서 '유전무죄, 무전유죄' 현상이 나타난다. 이러한 상황에 등장하는 풍자는 웃음을 주는 데 머물지 않고, 차별과 억압이 습관처럼 스며들어온 일상에 날카로운 경종을 울린다. 마치 아무 일도 없다는 듯하던 삶을 낯설게 바라보도록 만든다. 노회찬의 정치 언어에는 그러한 힘이 있었다. "법 앞에 만 명만 평등"하다는 말을 듣는 순간 처음에는 웃음이 터지지만 곧이어 현실을 직시하고 분노하게 됐던 것처럼 말이다.

노회찬의 유머

노회찬의 말은 예리한 통찰력과 재치로 18세기 영국사회를 풍자했던 화가 윌리엄 호가스[William Hogarth]의 정치 풍자화를 떠올리게 한다. 특히 그의 <선거 향응>은 선거와 법을 통해 사회구성원의 이해를 대변함으로써 만인을 법 앞에 평등하게 만든다는 사회원리가 얼마나 허구로 가

윌리엄 호가스, <선거 향응>, 1755.

득한지를 잘 보여준다. 그림 속 장면은 오렌지색 깃발이 있는 것으로 보아 토리당과 함께 당시 영국의 양대 보수 정당 중 하나였던 휘그당의 모임인 것 같다. 후보자들이 지지자들과 향응을 즐기는 중이다.

탁자에는 후보자들과 부유한 귀족들이 앉아 있다. 큰 나무통에는 술이 담겨 있고, 정력에 좋다고 알려진 굴이 탁자 위에 수북하다. 왼쪽에는 돈에 손을 올려놓은 한 사람이 있다. 귀족들이 후보에게 제공한 돈이리라. 푸른색 깃발을 펄럭이는 창밖의 토리당 대열은 벽돌을 던지는 중이다. 이에 맞서 방에서도 몇 사람이 밖으로 의자를 집어

던진다. 날아온 벽돌에 이마를 맞고 뒤로 넘어가는 사람도 보인다. 토리당의 선거 향응도 별반 다를 리 없으리라 충분히 짐작된다. 보수 정당끼리 머리가 터지게 싸우는 듯 보이지만, 포장을 한 겹 벗기면 그들의 진정한 벗은 많은 부를 축적한 소수의 부자와 특권층임을 알게 해준다.

　보통 선거 유세를 할 때 가장 흔히 들을 수 있는 표현 중 하나가 모두를 위한 정치를 펴겠다는 것이다. 하지만 주요 보수 정당의 후보가 되기 위해서는 상당한 부와 사회적 지위를 갖고 있어야 한다. 이것이 법 앞에서는 부유한 만 명만 평등한 이유다. 당시 영국인이 어찌 이를 몰랐겠는가. 차별의 반복이 만들어낸 무력감, 지배세력이 퍼뜨린 두려움과 정치 혐오 등이 작용했고 사람들은 그에 순응하며 살아갔으리라. 하지만 호가스의 풍자화를 마주하는 순간 소수만을 위한 법과 정치에 대한 새로운 자각과 분노가 고개를 든다.

　노회찬의 풍자적 정치 언어도 비슷한 역할을 했다. 《난장이가 쏘아올린 작은 공》으로 잘 알려진 조세희 작가가 어느 자리에서 이런 말을 한 적이 있다. "노회찬 의원은 다른 언어를 사용했어요. (중략) 변화를 가능하게 하는 새로운 언어를 썼어요. 새로운 생각을 하게 하는 특별한 말을 썼어요." 새로운 언어가 보통 사람은 전혀 생각하지 못했던 내용을 의미하지는 않을 것이다. 관성과 순응을 넘어 새롭게 자각하도록 만드는 풍자적 언어이리라. 웃음을 동반하는 노회찬의 언어는 단순한 기분 전환을 넘어 적극적 의미를 지닌다. 사건이나 현실을 돌아보게 하며 진실로 인도하는 역할을 한다. 삶에 쫓겨 무심코 지나치던 사회 문제에 대해 귀를 쫑긋 세우고 관심을 갖게 한다. 나아가 현상의 이면에 있는 본질적인 문제에 대해 의문을 품게 한다. 또한 노회찬의 풍자는 두려움의 대상을 희극적 대상으로 만들어 사람들의 내면에 저항의 가능성을 확산시킨다. 웃음의 대상이 된 지배 세력은 더 이상 어찌해볼 수 없는 절대적 존재가 아니고 싸울 수 있는 대상으로 격하된다. 그가 우리에게 준 웃음은 일시적 탈출이 아닌 적극적 저항의 길이다. 강요된 엄숙함의 그물을 뚫고 웃음이 터져나올 때 희망의 숨통이 열린다. 그 웃음을 타고 저항의 심리적 조건이 성장한다.

희극인들은 "정치가 무슨 코미디냐!"라는 말을 들으면 화를 낼지도 모른다. 어떻게 희극을 한국의 부패하고 추한 정치와 연결시키느냐고 말이다. 좀 더 정확히 말하면 코미디 전체가 아니라 일부 저질 삼류 코미디에 비유하는 게 맞을지 모르겠다. 어쨌든 이제 한국에서 정치와 코미디는 다른 관계를 맺어야 한다. 정치의 코미디화가 아닌, 코미디의 더 많은 정치 풍자가 필요하다. 나아가 현실을 날카롭게 파헤치고 고발하는 재치 있는 정치인의 유머가 더 많아져야 한다.

권력은 거짓말*에서 나오지!

권력의 속살

한국인은 정치인의 거짓말에 신물을 낸다. 오죽하면 "정치인은 숨소리 빼곤 다 거짓말"이라는 말이 상식으로 통하겠는가. 선거나 장관임명이 있을 때면 하루가 멀게 거짓말이 줄을 잇는다. 부패로 사회적 물의를 빚은 인물과의 관계가 의심을 받으면 일단 만난 적이 없다는 답이 나온다. 만나는 장면이 담긴 사진이나 증언이 나오면 공식 행사나 장례식장에서 인사만 나눈 사이라고 말을 바꾼다. 얼마 지나지 않아 평소 긴밀한 관계를 맺었던 게 밝혀지는 경우도 흔하다.

직접 관여한 정치공작이나 불법 행위도 부인하다 나중에 들통나곤 한다. 자녀의 학력·병역·취업 특혜 문제가 불거졌을 때 터무니없는

<씬 시티>의 포스터.

공격이라며 반발하다 사실로 드러나는 일도 많다. 처음부터 시행할 생각이 전혀 없던 정책을 공약으로 내놓기도 한다. 당선되고 나면 언제 그랬냐는 듯이 금방 말을 뒤집는다. 결국 표만 얻을 수 있다면, 현 지위를 그대로 누릴 수 있다면, 권력의 사다리에 조금 더 오를 수 있다면 눈 하나 깜빡하지 않고 거짓말을 한다.

한국만의 현상은 아니다. 미국 영화 <씬 시티>(2005)는 정치와 거짓의 관계를 적나라하게 드러낸다. 이 영화는 강렬하고 충격적인 범죄 장면이 등장하는 것으로 유명하다. 명암 대비가 극단적일 정도로 뚜렷한 흑백 영상이 관객을 빨아들인다. 폭력으로 얼룩진 이야기가 이어지는 가운데 의미심장한 장면이 눈길을 끈다. <씬 시티>의 부패한 지배자인 상원의원 로어크가 범죄 도시에 마지막으로 남은 정의로운 형사 하티건에게 증오를 담아 건네는 말이다.

"방아쇠를 당기면 파워풀하게 느껴지나? 파워란 그런 배지나 총에서 나오는 게 아니야. 파워는 거짓말에서 나오지. 크게 거짓말해서 세상 전체가 함께 놀아나게 해야지. 일단 사람들 가슴속으로 알던 게 진실이 아니라고, 모든 사람이 동의하게끔 만들어야 하는 거야."

'배지'나 '총'은 통념적으로 권력의 가장 중요한 기반이다. 배지는 지위, 총은 물리적인 힘을 상징한다. 지위는 선출이든 임명이든 지배적인 위치를 통한 권력 행사다. 물리적인 힘은 감시·통제·처벌할 수 있는 군대·경찰·감옥 등의 강제 장치를 말한다. 대부분 이를 통해 권력을 획득하고 유지한다고 여긴다. 하지만 <씬 시티>의 노련한 지배자는 전혀 다른 답을 내놓는다. 권력은 '거짓말'에서 나온다는 것이다. 대신 다수를 속일 정도로 큰 거짓말이어야 한다. 근대 이전 전통사회에서의 권력은 분명 신분이라는 지위와 무자비한 폭력이 가장 중요한 기반이었다. 하지만 민주주의 절차가 제도로 자리 잡은 사회에서는 과거와 동일한 방식으로는 권력을 행사하기가 어려워졌다. 일시적으로 권력을 장악할 수는 있으나 국민들이 저항해 그것을 오래 유지하기가 어렵다는 점이 여러 경험으로 확인되었다.

그렇다고 해서 전체주의나 권위적인 지배 욕구가 사라진 것은 전혀 아니다. 실현 방식이 달라졌을 뿐이다. 지위와 폭력이 아니라, 적어도 형식적으로는 민주주의 절차를 통해 이루어져야 했다. 이를 위해서는 다수가 지배 세력의 욕구에 "동의하게끔 만들어야" 한다. 다수 동의에 기초한 전체주의와 권위주의의 실현이다. '뜨거운 아이스크림'과 같이 형용모순처럼 느껴지지만 지극히 현실적이다. 히틀러의 나치가 국민적 동의와 선거를 통해 파시즘을 실현했다는 점을 떠올리면 쉽게 이해가 간다.

그런데 그 누가 전체주의의 노골적인 민낯을 보면서도 쉽게 수궁하고 따르겠는가. 국민의 기본 권리를 제한하는 방식의 통치를 다수가 동의하게 하는 방법은 하나밖에 없다. 속이는 것, 바로 거짓말이다. 물론 과거에도 통치 세력은 거짓말을 했다. 하지만 부차적이거나 여러 통치 수단 가운데 일부였을 뿐이다. 현대사회에 들어 가장 중요한 통치 수단이 되었다는 점에서 성격이 다르다.

거짓말의 도구들

민주주의 제도가 정착된 나라도 사정은 그리 다르지 않다. 크리스 존스톤Chris Johnston의 만평 <거짓말 정치인들>은 꽤 안정적인 정치체제를 유지하고 있는 오스트레일리아조차 늘 거짓말 논란에 휩싸여 있음을 보여준다. 그림 속 인물은 노동당 대표인 윌리엄 리처드 쇼튼 William Richard Shorten이다. 집권 세력인 자유당의 지지율이 큰 폭으로 떨어지고, 노동당의 지지율이 바짝 추격하는 추세가 이어지자 쇼튼에게 대대적인 정치 공세가 쏟아졌다.

비난은 주로 거짓말에 초점이 맞추어졌다. 이중 국적 문제를 비롯하여 여러 거짓말을 해왔다는 점이 거론됐다. 이에 대해 쇼튼은 의회의 면책특권을 빌미로 한 마구잡이 의혹 제기도 최소한의 증거와

크리스 존스톤, <거짓말 정치인들>, 2015.

타당성을 갖춰야 한다며 반박했다. 한국의 의회와 언론에서 흔히 만나는 논란과 거의 판박이로 닮아 있다. 그림을 보면 쇼튼의 코가 길다. 벽에 줄지어 서 있는 석상의 코 길이를 재고 있는데 하나같이 코가 길다. 거짓말을 할 때마다 코가 길어지는 피노키오를 비유한 것이다. 코 길이는 조금씩 다르지만, 전체적으로 피노키오 뺨칠 정도로 대단한 거짓말쟁이들이다. 맨 오른쪽은 자유당 보수연립 대표로서 직전까지 총리를 지낸 앤서니 존 토니 애벗^{Anthony John Tony Abbott}이다. 왼쪽부터는 차례로 그 이전에 총리를 지낸 인물들이다. 노동당 대표로 총리를 역임한 케빈 마이클 러드^{Kevin Michael Rudd}와 역사상 첫 여성 총리였던 줄리아 길라드^{Julia Gillard}, 오랜 기간 보수연립 지도자이자 자유당 당수였던 존 윈스턴 하워드^{John Winston Howard}다. 어느 정당 할 것 없이 정치 지도자와 정당 모두 거짓말쟁이라는 의미다.

<씬 시티>의 지배자 로어크의 말대로 "크게 거짓말해서 세상 전체가 함께 놀아나게" 하기 위해서는 개인의 거짓말 기술만으로 불가능하다. 거짓말을 대규모로 전파하는 도구가 필요하다. 거짓말은 다수가 믿거나, 적어도 일부에서 믿을 만한 구석이 있지 않느냐고 생각할 만한 곳에 퍼트려야 효력이 있다. 평소에 국민 다수가 접하고, 사실이라고 믿을 만한 신뢰를 주는 교묘한 도구여야 한다. 바로 텔레비전과 신문 등의 대중매체가 여기에 해당된다. 막대한 자본을 동원해야 운영할 수 있는 전통 언론은 부와 권력을 장악한 집단이 마음대로 휘두를 수 있는 가장 효과적이고 강력한 도구다. 거짓말을 퍼트려 다수의 동의를 이끄는 주요 통로. 일단 언론은 정부와 각 정당에 항시 출입하는 전담 기자를 두고 있어 가장 많은 정보를 얻을 수 있다. 또한 늘 '공정한 언론'을 선전하기에 최소한의 사실 확인을 하고 보도하리라 기대하기 쉽다.

하지만 언론이 객관적이라는 믿음이 얼마나 허구인지는 언론이 누구의 소유인지만 봐도 분명해진다. 대형 언론사는 그 자체로 거대 자본이다. 주요 수입을 기업의 광고비에 의존한다. 태생적으로 기업을 비롯한 사회적 강자의 이익을 대변하는 경향이 강할 수밖에 없다. 이것이 '편집장 선출제'와 같은 편집권 독립이 제도적으로 보장되지 않는 한국에서는 더욱 심하다. 지극히 편향된 기사이기에 거짓이라는 덫에서 벗어날 수 없다.

그러한 의미에서 거짓은 일부 언론의 일탈이 아니라 기존 전통 매체의 본질에 해당한다. 오죽하면 한국에서는 대중적으로 기자보

수다의 인문학

다 기자와 쓰레기의 합성어인 '기레기'라는 표현이 쓰이겠는가. 편향된 뉴스는 물론이고 검증되지 않은 자료를 사용한 기사, 심지어 날조로 만들어진 가짜뉴스까지 내보내는 행태 때문에 생긴 말이다. 지금은 온라인의 포털사이트, SNS 등을 통해 뉴스가 전달되는 사회이기에 기존의 언론매체는 힘을 잃었다고 지적할지 모르겠다. 하지만 온라인 공간에 떠도는 뉴스의 상당 부분이 기존 매체에서 생산된 기사다. 특히 한국처럼 주요 포털사이트에서 뉴스가 사실상 편집·제공되는 조건에서는 허위 기사가 폭발적으로 늘어나는 추세다. 얼마나 많은 사람이 클릭하느냐가 수입을 결정하기에 자극적인 기사를 쉬지 않고 양산해야 한다. 기자 한 사람이 하루에 무려 20~30개의 기사를 쏟아내도록 요구받는다. 애초에 사실 확인이 불가능한 구조에서 억측과 거짓이 판을 치는 게 어쩌면 당연하다.

거짓말 성공을 위한 조건

권력이 거짓말에서 비롯되기 위해서는 가장 중요한 전제조건이 있다. 거짓말에 잘 속는 국민이 다수를 차지해야 한다. 잘 속는 다수라고 하니 의아해하는 사람이 있을 수 있다. 자신과 무관하거나 영향받는 게 적은 부분이라면 관심이 없으니 거짓말에 속을 수 있지만, 적어도 직접 이해관계가 걸린 일이라면 어느 누가 쉽게 속겠는가. 현실에서는 심지어 자신에게 큰 피해를 주는 일에서조차 거짓말에 넘어가는 사람이 많다. 특히 정치적인 영역에서는 속이는 게 더 수월하다.

다음의 터키 속담이 참고가 될 만하다. "숲이 줄어들고 있었지만, 나무들은 계속 도끼에 투표했다. 도끼는 영리해서 자기 자루가 나무로 만들어졌으니 같은 편이라고 나무들을 설득했기 때문이다."

궁극적으로는 자신도 큰 피해를 입는 정치적 선택임에도 불구하고 거짓말은 위력을 발휘한다. 거짓말이 자신의 전체를 우리에게 보여주는 것이 아니기 때문이다. 거짓말은 언제나 일부의 사실이 섞인 상태로 우리를 유혹한다. 지극히 부분적인 영역에서 신뢰를 얻음으로써 거짓말 전체를 받아들이게 한다. 무엇보다 정치에서는 이른바 '진영 논리'가 작용하기 때문에 거짓 유포가 더 쉽다. 특정 인물이나 사건을 판단할 때 그 기준을 사실 여부에 두지 않는다. 대신 어느 진영에 속해 있는지를 우선시한다. 진영에는 이념적인 구분도 있고, 지역적인 감정의 거리도 있다. 어느 진영에 가까운가에 따라 선택이 이루어지기에 거짓말이 파고들 틈새가 매우 넓다. 터키 속담에서 도끼의 자루가 나무라는 점 하나로 끌어들이듯이, 거짓이 아니라고 믿고 싶게 만드는 아주 사소한 구석이 하나라도 있으면 효과가 발휘된다.

일부가 속더라도 다수가 거짓말을 믿지 않으면 될 일 아니냐고 할지 모르겠다. 순진한 생각이다. 사실과 거짓이 일대일로 설득력을 겨루는 경쟁이 아니기에 다수가 속기 쉽다. 사실은 늘 불리한 위치에서 자신을 입증해야 하는 처지에 있다. 프랑스 사상가 미셸 드 몽테뉴^{Michel de Montaigne}가 《수상록》에서 말한 다음 내용은 충분히 경청할 만하다.

"진실과 같이 거짓말에도 얼굴이 하나밖에 없다면 사정은 더 나아질 것이다. 그러면 거짓말쟁이의 말을 반대로 생각하면 확실하기 때문이다. 그러나 거짓말은 수없이 많은 얼굴과 무한한 벌판을 가지고 있다. 피타고라스 학파들은 선은 확실하고 한정되어 있으며, 악은 무한하고 불확실한 것이라고 한다. 수천의 길이 한 목표에서 어긋나서 지나간다."

사실은 하나이지만 거짓말은 수십, 수백 개로 나타날 수 있다. 때와 장소, 상대에 맞게 변조된다. 의심받는 상황이 되면 또 다른 가면으로 바꿔 쓰고 등장한다. 게다가 한 언론이 아니라 다수 언론이 같은 내용을 반복 재생산하기 때문에 거짓말의 늪에서 벗어나기가 쉽지 않다.

내가 말하고자 하는 바는 '선한 국가'와 '도덕적인 정치'라는 착각에서 벗어나야 한다는 것이다. 국가는 그 자체로 실체라기보다는 다양한 이해관계를 가진 계급과 계층 간의 이해 다툼과 타협의 장이다. 국가와 정치를 선하게 만드는 것은 무지개를 좇는 일만큼이나 허망하다. 도덕의 잣대로 정치를 바라볼수록 현실은 미궁에 빠지고, 정치에 대한 불신·무관심이 늘어난다. 근대 정치로 가는 데 분기점을 마련한 니콜로 마키아벨리Niccoló Machiavelli에게서 지금 우리가 배워야 할 게 있다면 바로 정치를 도덕의 영역에서 현실의 영역으로 끌어내렸다는 점이다.

국민이 사실과 거짓을 구별하기 위해 더욱 적극적으로 정치를 주시하고 참여하지 않으면 어떤 일이 초래되는지에 대해서는 토미 더글러스Tommy Douglas의 연설이 잘 일깨워준다. 그는 캐나다 신민주당 당수와 주 정부 수상을 역임했다. 전국적인 설문조사에서 '가장 위대

연설하는 토미 더글러스의 모습, 1962.

한 캐나다인'으로 선정될 정도로 캐나다 국민이 존경하는 인물이다. 그는 1962년 의회 연설에서 <마우스랜드^{Mouseland}>라는 우화를 통해 다수가 거짓을 따랐을 때 생기는 정치의 결과를 보여준다.

마우스랜드의 생쥐들은 4년마다 선거를 통해 정부를 구성했다. 이번 투표 결과 거대하고 뚱뚱한 검은 고양이로 이루어진 정부가 들어섰다. 검은 고양이들이 통과시킨 법안 중에는 쥐구멍이 고양이의 발이 들어갈 정도로 충분히 커야 한다는 내용이 있었다. 생쥐가 일정한 속도 이하로 달리도록 규정한 법안도 있었다. 고양이가 큰 힘을 들이지 않고 아침밥을 얻을 수 있게 하기 위해서였다. 고양이에게는 좋은 법, 생쥐에게는 고통스러운 법이었다. 참을 수 없다고 생각한 생쥐들은 다음 선거에서 투표장으로 몰려가 검은 고양이들을 퇴출시켰다. 그리고 흰 고양이를 뽑았다. 당선된 흰 고양이는 새로운 조처를

수다의 인문학

했다. 마우스랜드의 문제가 둥근 모양의 쥐구멍이니, 네모난 모양의 쥐구멍을 만들겠다는 것이었다. 네모난 쥐구멍은 이전 구멍보다 두 배로 커져 고양이는 이제 두 발을 한꺼번에 쑤셔 넣을 수 있게 됐다. 이전보다 훨씬 힘겨워진 삶을 도저히 참기 어렵게 된 생쥐들은 흰 고양이들을 퇴출시키고 다시 검은 고양이를 뽑았다. 그러다가 다시 흰 고양이를 뽑았다. 심지어 반은 희고 반은 검은 고양이를 뽑기도 했다. 이런 걸 '연정'이라고 불렀다. 한 번은 검은 점이 있는 점박이 고양이를 정부로 뽑기도 했다. 이 고양이들은 생쥐 목소리를 내는 척하면서 생쥐들을 잡아먹었다. 더글러스는 마우스랜드 생쥐들의 투표와 정치 과정을 설명한 후 다음과 같이 마무리한다.

"이제 여러분은 아실 겁니다. 고양이 색깔 따위는 중요하지 않습니다. 문제는 그들이 모두 고양이라는 점입니다. 고양이 정부는 당연히 고양이만을 돌볼 뿐 생쥐는 안중에도 없습니다. 어느 날 한 생쥐가 나타나 다른 쥐들에게 이렇게 말했습니다. 우리는 대체 왜 고양이들을 정부 책임자로 뽑는 거지? 생쥐로 이루어진 정부를 왜 뽑지 않는 거지? 다른 생쥐들이 말했습니다. '오, 빨갱이가 나타났다. 잡아넣어라!' 그래서 생쥐들은 그를 감옥에 넣었습니다."

우화에 등장하는 마우스랜드는 당연히 현실의 인간사회를 비유한 것이다. 이곳은 소수의 독재자가 자기 마음대로 권력을 탈취하고 행사하는 독재 국가가 아니다. 서구와 한국처럼 선거를 통해 정부를 구성하는 민주주의 제도를 갖춘 국가다. 더글러스의 연설은 특별히 이 점에 주목하는 듯하다. 우리는 민주주의 제도가 정착되면 다수 국민의 이익을 추구하는 지도자가 뽑히리라 생각한다. 선거라는 민주적 절차 자체가 독재를 저지하고 다수 국민의 삶을 향상시킬 것이라고 믿는다. 우리도 군사독재를 끝내고 대통령을 국민이 직접 선출하면 살기 좋은 세상이 오리라 기대했다. 1987년 6월민주항쟁 이후 민주 제도가 자리 잡았지만, 국민의 삶은 여전히 고단하고 불안하다.

생쥐는 매일 일하며 근근이 생활을 이어가는 국민 다수, 고양이는 부와 권력을 거머쥔 소수의 사회적 강자를 상징한다. 이 우화는 민주주의의 절차가 삶의 향상을 저절로 보장하지는 않음을 보여준다. 어떻게 이런 일이 벌어지는가? 영화 <씬 시티>의 부패한 지배자 로어크가 말하듯이 소수의 사회적 강자가 "크게 거짓말해서 세상 전체가 함께 놀아"나도록 만들었고, 국민 다수가 이에 늘 속았기 때문이다. 보수 기득권 세력은 우선 부자가 더 큰 부자가 되면 나중에 국민도 혜택을 본다는 '낙수 효과' 거짓말과 성장이 저절로 분배를 만든다는 거짓말로 국민에게 환상을 심었다.

미국의 경우 기업의 이익을 우선 대변하는, 공화당과 민주당이라는 두 보수 정당이 번갈아 정권을 차지한다. 캐나다도 오랜 기간 더 보수적인 정당과 조금 덜 보수적인 정당이 경쟁해왔을 뿐이었다. 한국도 별 차이가 없다. 해방 이후 현재에 이르기까지 기업 이익을 만병통치약처럼 여기는 보수 정당 사이의 정권 교체가 이어지고 있다. 힘 없고 가난한 이들의 이익을 대변하는 정당은 여전히 실질적인 영향을 미치기 어렵다.

그럼에도 캐나다에서는 더글러스와 같은 문제의식을 지닌 이들이 노력해 의미 있는 변화가 나타났다. 더글라스는 북미 최초의 사회민주주의 주 정부를 만들었다. 주 정부에서 공공서비스 부분의 노동조합을 허용했고, 무상의료 시스템을 시작했다. 대법원의 권고로 1966년부터 모든 국민이 의료비를 단 1달러도 지불하지 않는, 연방정부와 주 정부가 반씩 부담하는 지금의 무상의료 시스템이 정착했다. 그런데 아직도 한국에서는 분배와 복지를 강조하는 순간 우화의 생쥐들처럼 '오, 빨갱이가 나타났다. 잡아넣어라!'라는 고함을 들어야 한다. 거짓말을 퍼뜨리는 기득권 세력은 늘 사실을 밝히려는 사람들을 불순세력으로 내몰았다. 생쥐들의 세상을 만들어야 한다는 '생각'이 퍼지는 순간 거짓말이 통하지 않기 때문이다. 더글러스는 "여러분께 한 가지 사실을 상기해드리고 싶습니다. 생쥐든 사람이든 감옥에 잡아넣을 수 있지만, 생각을 잡아넣을 수는 없다는 것입니다"라는 말로 연설을 끝낸다. 우리에게도 이제 거짓말에 넘어가지 않기 위해 '우리는 대체 왜 고양이들을 정부 책임자로 뽑는 거지?'라는 새로운 '질문'이 필요하다.

정치평론가
전성시대*에
살다

일상에서 토론을 즐기는 사람들

앞서 소개한 윌리엄 홀브룩 비어드는 주로 동물을 등장시켜 인간사회의 현실을 풍자적으로 묘사해온 화가다. 동물이 인간보다 오히려 인간의 특성을 더 잘 설명해줄 때가 많기 때문이다. 동물이 등장한 우화가 대부분 그러하듯이, 그의 그림을 보면 처음에는 어리둥절하지만 조금씩 우리 현실에 대해 더 깊은 관심을 두고 들여다보게 만드는 힘이 있다.

　　<저녁식사 후의 토론>은 유럽인들의 흔한 저녁식사 광경을 보여준다. 본 메뉴를 먹은 후에 디저트를 안주 삼아 술을 마시며 대화에 열중하는 모습이다. 복장을 보니 다들 나름대로 '한 지식' 하는 모양새

수다의 인문학

다. 왼쪽에서 열변을 토하고, 나머지가 그의 주장에 귀를 기울이고 있다. 머리 위로 손을 올리며 따분해하는 이도 보인다. 웨이터가 추가로 술을 가져오는 것을 보니 이야기가 끝날 줄 모르고 이어질 태세다.

유럽 사람들의 저녁식사는 두 시간을 넘기는 일이 흔하다. 많이 먹어서라기보다는 많은 이야기를 하기에 식사 시간이 길어지는 것이다. 대화에는 정치나 책과 관련된 주제가 상대적으로 자주 등장하는 편이다. 정치에 관심이 없거나 독서를 하지 않으면 그 대화에 참여하기 어렵다. 유럽인들이 지금도 책을 꽤 많이 읽는 이유이기도 하다. 그런데 그림 속 식탁에는 책이 없으니 책 이야기를 하는 건 아닌 듯하

월리엄 홀브룩 비어드, <저녁식사 후의 토론>, 1885.

다. 정치나 사회와 관련해 열띠게 토론하던 중이 아닐까 싶다.

우리의 저녁식사 분위기와는 사뭇 다르다. 우리는 대개 침묵 속에서 식사하니 말이다. 음식을 씹거나 마시는 소리만 들린다. 간혹 대화를 해도 집안일이나 자녀 성적에 관한 내용이기 일쑤다. 회사의 회식을 겸한 식사라면 더 따분해진다. 일 이야기의 연장이거나, 직장 상사의 의미 없는 아재 농담에 억지로 웃어야 하는 처지다. 친구들과의 식사라면 조금은 낫다. 적어도 침묵이 이어지지는 않는다. 지겨운 일 이야기도 별로 등장하지 않는다. 직장의 위계질서 때문에 나이 든 꼰대에게 주눅이 들 필요도 없다. 자기가 하고 싶은 이야기를 마음껏 할 수 있는 조건이다. 당연히 자유로운 분위기에서 대화의 폭이 넓어진다. 하지만 진지하게 한두 개의 주제를 파고 들어가는 '토론'은 찾아보기 힘들다. 그저 가벼운 신변잡기의 나열이거나 순간의 웃음을 자아내는 농담에 머문다.

선거철이거나 큰 정치적 사건이 벌어질 때면 정치적 소재가 도마 위에 오르지만 이 역시 토론이라고 보기는 어렵다. 구체적 사안을 놓고 그 진위를 가리거나, 어떠한 가치판단이 옳은지 깊이 있게 논의하는 분위기와는 거리가 멀다. 뉴스나 유튜브에서 본 내용을 단순히 전달하거나, 특정 정치인에 대한 비난을 쏟아내기에 바쁘다. 비어드의 <저녁식사 후의 토론>처럼 진지하고 열띤 토론 분위기는 찾아보기 어렵다. 하지만 비어드는 풍자를 통해 메시지를 담는 경향이 다분한 화가이니, 원숭이의 특징을 생각해볼 필요가 있다. 원숭이는 흔히 흉내를 잘 내는 동물로 알려져 있다. 원숭이는 주로 흉내에만 능할 뿐 본질을 이해하지 않고 겉치레에 머무르는 경박함, 남의 흉내만 내다가 아무것도 이루지 못하는 행위를 조롱할 때 주로 비유된다. 그렇다면 화가는 현실에서의 정치토론이 정치 '활동'이기보다는 정치 '흉내'에 불과하다고 보았던 게 아닐까? 정치를 소재로 삼은 풍성한 수다이자 자기만족에 허우적대는 소란으로 여겼던 게 아닐까?

정치평론의 홍수 시대

나는 이른바 '정치평론가'들의 이야기를 듣다 보면 비어드의 이 그림이 종종 떠오른다. 정치평론가의 홍수 시대라고 해도 과언이 아닐 만큼 다양한 매체에서 논평과 논쟁이 이어진다. 정치평론가를 새로운 직업군으로 분류해야 할 정도다. 특히 주요 선거 시기가 되면 정치평론이 봇물 터지듯 쏟아져 나온다. 대선 후보 토론을 비롯해 각 후보와 정당에서 내놓는 다양한 공약을 비교하는 일이 많다. 토론 과정에서 첨예하게 맞붙는 쟁점을 해설한다. 선거 시기에는 거의 모든 언론에서 매주 지지율 조사 결과도 내놓는다. 그러면 어김없이 각 프로그램에 정치평론가들이 출연하여 지지율 변화의 의미와 원인에 대한 분석을 도맡는다.

대개 그들을 정치평론가라고 부르지만 정치와 관련하여 여러 사회 현상을 다룬다는 점에서 시사평론가라고도 한다. 그들은 출신이나 직업이 다양하다. 정치학·사회학 등 관련 분야를 전공한 학자나 교수, 여론조사를 하거나 선거운동을 상담하는 기관의 연구자, 정치부에 속해 여러 정당에 출입했거나 기사를 썼던 전직 언론인, 국회의원이었거나 보좌관 출신이었던 전직 정치인, 언론 기고문으로 주목을 받은 문화평론가, 인터넷 기사나 댓글로 대중적 관심을 끈 논객, 이에 더해 최근 정당 사이에 법적 분쟁이 많아지면서 변호사까지 폭넓게 가세 중이다.

예전에도 정치평론이 있었지만 지금처럼 홍수를 이루지는 않았다. 간혹 텔레비전에서 진행하는 토론 프로그램에서나 볼 수 있었을 뿐이다. 그러다 여러 종편 채널이 생기면서 변화를 맞았다. 대체로 기존 신문사들이 종편에 진출했기 때문에 취재한 내용을 재활용할 수 있고, 드라마나 예능 프로그램 등보다 저렴한 비용으로 프로그램을 유지할 수 있는 장점이 있어서 평일 낮에는 주로 시사 프로그램을 다수 편성했다. 여기에 인터넷과 스마트폰을 기반으로 팟캐스트와 유튜브까지 가세하면서 정치 토크쇼가 큰 인기를 끌었다. 폭발적으로 확대된 공간에서 다양한 직업과 입장을 가진 정치평론가가 우후죽순처럼 생겨나 왕성하게 활동하기 시작했다. 정치평론의 춘추전국 시대가 열린 것이다.

정치에 대한 평론이 나쁘다는 게 아니다. 오히려 반길 일이다. 문학·미술·음악·영화 등에 대한 평론처럼 정치도 평론의 대상이 될 수 있다. 정치가나 정당의 선택과 행위에 대해 분석하고 설명해주는 작업은 큰 의미가 있다. 나아가 시민들이 정치적 무관심에서 벗어나 적극적으로 사고하게 만든다는 점에서도 긍정적이다. 과거에는 교수 출신 평론가들이 대학 강단에서 학생을 가르칠 때처럼 이야기를 끌어가는 경우가 많았다. 최근에는 다양한 출신과 직업을 가진 사람들로 층이 넓어지고, 시청률 경쟁 속에서 연예인 기질을 갖춘 이들도 등장하면서 정치에 흥미를 불러일으키는 역할을 하는 경우를 볼 수 있다. 하지만 평론으로서 갖추어야 할 최소한의 근거도 없이 일방적인 주장만 난무해 오히려 정치에 대한 염증을 키우는 경우도 있다. 정치 평론가 수요가 폭발하면서 관련 지식과 분석 능력을 갖추지 못한 채 말재주 하나로 평론가 행세를 하는 사람도 늘어났기 때문이다. 심지어 눈살을 찌푸리게 하는 막말을 일삼아 정치 혐오를 부채질하는 사례도 적지 않다.

정치 관련 토론 프로그램이 인기를 끌면서 평론이 주요 정당의 홍보 역할로 전락하기도 했다. 물론 평론가 개인의 주관이 개입할 수밖에 없기에 엄밀한 의미에서 중립적·객관적 평론을 기대하기란 어렵다. 하지만 평론이라면 어느 정도 갖추어야 할, 비교·분석·대안과는 무관하게 처음부터 끝까지 특정 후보나 정당을 옹호하는 데 바쁜 경우도 없지 않다. 정치평론이 오히려 정치에 관한 토론은 불가능함을 보여주기도 하는 것이다.

관전 포인트를 짚어주고, 관전평을 한다?

무엇보다 최근의 정치평론 대부분이 정치를 '관전' 대상으로 만들어 놓고, 사람들을 수동적인 관람객에 머물게 하는 점이 큰 문제다. 이러한 정치 상황에서는 이게 '관전 포인트'라는 식의 표현이 빈번하게 등장한다. 그에 대한 자기 나름의 관전평을 제시하겠다고 덧붙인다. 표현뿐 아니라 실제 내용도 관전에서 벗어나지 않는 경우가 많다. 정치평론을 접하고 있으면 하루가 멀게 그날의 정치적 사건과 쟁점을 다룬다는 점에서 마치 스포츠 중계를 보는 기분이 든다. 아무런 수고로움이나 손해 없이 편하게 앉아 스포츠 경기를 관람하듯 보기만 하면 된다. 과자 한 봉지를 들고 운동장 관람석이나 텔레비전 앞의 소파에 앉아 스포츠 경기를 관람하는 분위기 말이다. 정치라는 장에서 직접 뛰는 당사자가 아니라 제3자의 자세로 관찰하고 비평하는 게 세련된 정치적 태도라는 왜곡된 인식까지 심어줄까 봐 우려가 생긴다.

설사 관전으로서의 정치평론이 어떤 실천을 자극하는 면이 있다 해도 왜곡된 방식으로 나타나기 십상이다. 정치 행위를 진열된 여러 상품 가운데 비교적 괜찮은 것 하나를 고르는 능력으로 좁힌다. 정치 행위를 유통되는 상품을 사는 소비자의 선택 행위로 변질시킨다. 주권자이자 정치적 주체로서의 인간을 협소한 유권자로서의 위치에 가두는 역할도 한다. 다수결을 통해 대리인을 선출하면 개인으로서의 정치적 권리 행사가 끝난 것으로 여긴다. 나머지는 좋든 싫든 다수의 대변자에게 맡기고, 개인은 그저 편하게 앉아서 관전하거나, 문제가 있다면 다음 선거에서 다른 사람을 뽑아서 맡기면 될 일이라고 생각한다. 더욱 큰 문제는 선거일에 투표로 다수의 대표자를 선택하는 행위가 민주주의 사회에서 개인이 할 수 있는 전부라고 생각한다는 점이다. 하지만 프랑스 정치철학자 알렉시스 드 토크빌^{Alexis de Tocqueville}이 《미국의 민주주의》에서 말하듯이 다수는 절대적인 기준이 아니다.

수다의 인문학

"어떤 이들은 결과적으로 국민을 대표하는 다수에게 충분한 권력을 줄 수 있다는 것을 서슴지 않고 주장한다. 그러나 이런 말은 노예의 언어다. (중략) 절대권력을 가진 사람이 그 권력을 악용해서 반대 견해를 가진 사람들을 못살게 굴 수 있다는 사실이 인정된다면, 다수도 같은 비난을 받을 가능성이 왜 없다고 하겠는가? 그러므로 다른 모든 권력에 우선하는 사회권력이 어디엔가 언제나 있어야 한다는 것이 나의 생각이다."

토크빌에 의하면 다수에게 권력을 몰아주고 인정하는 일은 노예의 논리에 불과하다. 소수 독재자만 절대권력이 아니기 때문이다. 다수에 의한 권위도 얼마든지 절대권력이 될 수 있다. 민주적 다수결 절차에 의해 권력을 장악한 세력이 개인이나 집단에 부당한 처우를 강요한다면 누구에게 호소할 수 있을까? 행정권에 호소한다면 행정권도 다수에 의해 임명되었기에 허사다. 입법부에 호소하자면 입법부도 다수를 대표하기에 결과가 같을 것이다. 경찰과 검찰과 같은 공권력도 마찬가지다. 공권력은 다수가 무장한 것이기 때문이다. 혹시 여론에 호소하면 어떨까? 여론도 다수로 이루어진다. 그러므로 민주적 다수결 절차로 입법부나 행정부를 구성한다고 해서, 다음 선거에서 다른 후보나 정당을 선출한다고 해서 개인의 권리가 온전히 보호받을 수 있는 건 아니다. 다수에게 절대적 권위를 부여하는 것은 스스로 복종의 족쇄를 차는 노예의 논리에 해당한다. 그런데 현실은 다수가 법률을 만들고 법 집행을 감독하는 절대권력을 가진다. 민주주의는 다수의 권위에 의존하기에 태생적으로 '부드러운 전제 정치'로 타락하는 경향이 있다.

나와 동등한 인간 누구에게도 다수를 명분으로 모든 짓을 할 수 있게 하는 권력을 주어서는 안 된다. "다수도 집단적으로 보면 한 개인에 지나지 않는 것"이기에 상대적인 권위를 부여하는 데 머물러야 한다. 다수로 선출되는 국가권력이 권위를 독점하지 않는다면, 민주사회에서 또 다른 권위의 근거는 어디에서 찾아야 하는가? 토크빌은 "다른 모든 권력에 우선하는 사회권력이 어디엔가 언제나 있어야 한다"고 강조한다. 무슨 의미인지 바로 다가오지 않는다. 국가권력과 구분한 '사회권력'의 상이 무엇인지 잡히지 않기 때문이다. 사회권력은 공적 영역인 국가로 한정되지 않는, 개인이나 민간 영역에서의 권위를 뜻한다. 한 국가에 속해서 다수가 강제하는 법률에 제한받는 국민의 권리에 머무는 것이 아니라 더 근원적인 인간의 권리에 근거한다. 요즘 표현대로 하면 '시민사회'가 개인의 권리를 보호하는 또 하나의 핵심 영역이어야 한다는 의미다.

그러므로 정치는 선거를 비롯하여 국가권력을 둘러싼 행위로 제한되지 않는다. 주권자로서 개인의 권리가 정부에 양도되는 것이 아니라면, 시민사회 영역에서의 정치 또한 중요한 의미를 지닌다. 시민사회는 개인의 자발적이고 일상적인 참여를 전제했을 때 성립한다. 정치를 '관전'하는 관찰자의 위치에 있을 때 우리는 다수가 지배하는 국가권력을 견제할 통로를 잃게 된다.

정치는 곧 삶과 생활의 문제다. 오늘보다 나은 내일의 삶을 만드는 활동이다. 그러한 의미에서 공적 영역이든 민간 영역이든 정치만큼 우리에게 큰 영향을 주는 활동도 드물다. 정치평론의 역할은 사람들이 정치를 관람이 아닌, 자신의 문제로 인식하도록 자극하는 데에 중점을 두어야 한다. 제3자가 아니라 현실을 변화시키기 위해 일상에서 직접 참여하는 주체로 만들어야 한다. 우리는 흔히 기자에 대해 기자 정신이나 기자로서의 소명 의식을 가져야 한다고 주문한다. 그저 월급을 받는 직업인에 머물러서는 안 된다고 한다. 정치평론가는 어떨까? 사람들에게 미치는 영향을 고려한다면 기자보다 더하면 더했지, 조금도 덜하지 않다. 미디어 시대를 살아가는 현대인들은 정치평론가에게 상당한 영향을 받는다.

특히 텔레비전이나 유튜브 방송에 자주 노출되는 인기 평론가라면 더욱 그러하다. 단순히 방송 출연자라는 생각을 넘어 다수의 정치의식과 행동에 어떤 영향을 미칠지 진지하게 고민해야 한다. 정치평론가로서 가장 먼저 스스로를 의심하고, 늘 경계해야 할 태도를 갖추는 게 관전으로서의 평론이다. 관전에 안주한다면 비어드의 <저녁식사 후의 토론>에 나오는 원숭이들처럼, 정치 이야기를 술자리 안주로 삼는 정치 흉내에서 벗어나지 못할 것이다.

전문가의 말을 밀*어*야 할까?

전문가라는 완장

작가로 살아온 날이 아주 길지는 않지만 그래도 십여 년은 넘었다. 그러면서 다양한 자리에 적지 않게 강연을 다녔고, 종종 "이 분야의 전문가가 아닌데 어떻게 책을 쓸 생각을 했나요?"와 같은 질문을 자주받았다. 처음에는 여러 말을 덧붙이며 설명했다. 이제는 말없이 그냥웃고 넘기는 경우가 많다.

프랑스 화가 페르낭 레제^{Ferdinand Leger}의 <교차하는 철로>는 사회에서 전문가가 차지하는 위치를 상징적으로 보여주는 듯하다. 그림에는 여러 개의 선로가 교차한다. 많은 지역으로 연결된 철로가 모이는 교통 중심지 부근의 역에서 흔히 볼 수 있는 모습이다. 어디로 가

페르낭 레제, <교차하는 철로>, 1919.

야 하는지 방향을 잡기 어려울 정도로 뒤죽박죽 섞여 있다. 이에 기계
적 장치로 선로를 열거나 닫아서 제대로 된 방향으로 가도록 유도하
고 있다. 자칫 잘못된 길로 향하면 대형 사고가 발생할 수 있다. 탈선
하거나 다른 기차와 충돌할 테니 말이다. 그림 중앙에 놓인 화살표가
인상적이다. 화살표가 가리키는 방향으로는 여러 개의 원으로 만들
어진, 활터나 사격장에서 보일 법한 표적이 있다. 이는 난마처럼 얽힌
선로들의 숲에서 선명하게 방향을 제시해준다. 지시된 대로 따라가
면 오류나 위험 없이 목적지에 도달하리라는 신뢰가 느껴진다. 마치
암초로 가득한 어두운 밤바다에서 배가 가야 할 방향을 안내하는 등
대처럼 우리에게 안도감을 안겨준다.

우리가 전문가를 바라보는 시선과 그에게 기대하는 역할도 이와 비슷하지 않을까. 어느 사회든 특정 문제가 발생하면 제일 먼저 관련 분야 전문가에게 의존한다. 이들이 복잡한 상황을 정확하게 분석하고 진단해주리라 믿는다. 미로를 빠져나가는 길, 그것도 가장 빠른 길을 안내해주리라 여긴다. '전문가'를 떠올리면 그 역할과 관련해 조언·의견·제안·상담 등의 단어가 떠오른다. 이것이 가능하기 위해서는 진실·지식·인증된 설명·근거·경력·권위 등이 필요하다. 충실한 근거를 통해 진실에 가까운 지식을 우리에게 논리적으로 전달할 수 있으리라 기대하기 때문이다. 학위나 직함을 통해 획득한 경력과 권위도 어딘가 무게감을 제공한다. 상황이 이러하니 적지 않은 전문가들이 자신을 향한 시선의 의미를 잘 알고 있는 듯하다. 자부심으로 똘똘 뭉쳐 있는 경우를 자주 접한다. 전공 학위가 없이 지식으로 소통하는 사람을 '지식 소매상'으로 구분하는 것도 그 일환이다. 지식 소매상은 넓은 지식을 쉽게 요약 정리하는 능력으로 유통 분야에서 소질을 발휘한다. 전문가는 그들이 단지 말재주로 지식을 포장하여 대중적인 재미를 선사하는 역할에 머문다고 여긴다. 이는 전문가의 가장 큰 특징을 지식 '생산'에 두는 데서 비롯된 듯하다. 지식 소매상은 많은 시간과 에너지를 쏟아가며 지식을 생산하는 자신들의 권위 아래에서만 활약 가능하다고 보는 것이다. 전문가라는 완장을 찬 느낌이다.

지식을 '생산'한다는 건 무슨 의미일까? 이는 단순히 글을 쓰는 일이 아니다. 집필이야 지식 소매상들도 얼마든지 하는 작업이니 말이다. 글이나 말은 판매를 위한 수단일 뿐이다. 일종의 흉내 내는 작

수다의 인문학

업이다. 생산은 독창적인 무엇인가를 만드는 일이다. 그런데 인문사회학 분야에서 독창적인 이론을 제시한 한국의 전문가가 얼마나 있을까? 내 답은 지극히 회의적이다. 외국의 이론을 소개하거나 약간의 의견을 덧붙이는 정도에 머무는 게 대다수다. 한편으로는 지식의 성격이란 본래 그런 게 아닐까 싶다. 흔히 하늘 아래 새로운 게 없다고 한다. 지식의 경우 이 말에 딱 들어맞는다. 특히 인간의 정신과 삶을 다루는 인문사회학이라면 더욱 그러하다. 지식의 능력은 다시 말해 이미 있는 내용과 내용을 연결해주고, 그 과정에서 자기 생각을 약간 첨가하여 가공하는 능력일 수 있다. 그러한 의미에서 글이나 말에 순전한 자기 생각이 10%만 들어가 있어도 대단한 작업이다.

지식을 생산하는 사람과 판매하는 사람으로 구분하는 발상 자체가 우스운 일이다. 더 노골적으로 말하자면 지식 제공자로서의 지식인과 수용자로서의 대중으로 구분하는 일 자체에 큰 설득력이 없다. 하물며 지식인을 위아래로 구분하는 것도 마찬가지다. 전문가라는 빛바랜 완장을 차고 어깨에 잔뜩 힘을 주는 말과 행위는 우스꽝스러운 짓이다.

"이 나라가 기재부 나라냐?"

전문가가 막강한 영향력을 행사하면서 사회에 문제를 일으킨다는 부분과 관련해 중요하게 논의해야 할 대상이 있다. 국가기구의 다양한 분야에서 집행을 담당하는 공무원으로서의 전문 고위 관료다. 오랜

기획재정부의 포스터.

업무 경험을 갖고 있고, 정책 제안과 집행에서 상당한 힘을 가진 고위 관료는 전문가로 인정받는다. 임명직 공무원이기에 전문 관료의 업무는 집행으로 한정된다고 여기면 단견이다. 장관을 비롯하여 각 부서 책임자가 내린 결정은 대부분 전문 관료들이 제안한 선택지 안에서 이루어진다.

관료 출신이 장관이 되는 경우도 많다. 정치인 출신이 장관이 되더라도 업무를 제대로 파악하는 데만 최소한 1년이 걸린다. 국가의 각 업무가 고도로 전문화되어 있기에 전문 관료에 의존하지 않고는 제대로 현황조차 파악하기 어렵다. 사정이 이러하니 그럴듯한 세부 정책이 수립되기 위해서는 관료의 역할이 필수적이다. 더군다나 어떤 일이든 관료가 움직여야 제대로 실행되기에, 이들의 적극적인 호

수다의 인문학

응 없이는 유능한 책임자라고 인정받기도 어렵다. 전문 관료의 비중이 갈수록 증대되는 이유다.

행정 각부의 업무를 총괄하고 국무위원을 통솔하는 국무총리가 "이 나라가 기재부 나라냐?"라고 역정을 낸 일로 우리 사회가 떠들썩한 적이 있었다. 정부의 모든 정책이 예산 편성을 전제로 세워지고 집행되기에 이를 담당하는 기획재정부(이하 기재부) 관료들의 영향력은 크다. 그래서 예전부터 기재부의 제동에 불만을 터뜨리는 사례가 이어졌다. 총리의 이례적일 정도의 날 선 비판에 속이 다 시원하다는 반응이 많은 것도 그 때문이다. 코로나19 대유행이 시작된 이후 전 국민 대상 지원금 지급을 요구하는 목소리가 곳곳에서 터져 나왔다. 그럴 때마다 "재정은 화수분이 아니다"라며 찬물을 끼얹은 곳이 바로 기재부였다. 화수분은 재물이 계속 나오는 보물단지로, 온갖 물건을 담아두면 아무리 써도 줄지 않는다. 기재부가 제동을 걸고 나선 결과 한국은 비슷한 경제 규모를 가진 나라 가운데 정부 지원금 지출이 가장 적다고 밝혀졌다. 바이러스 대유행으로 큰 피해를 입은 자영업자의 손실을 보상하는 제도개선 방안을 만들어야 한다고 공개 지시하는 과정에서 기재부가 곤란하다는 견해를 보이자 강하게 경고했던 것이다. 그러나 며칠 지나지 않아 기재부 장관은 다시 별일 아니라는 듯 태연하게 화수분을 운운했다. 주류 언론에는 국무총리가 차기 대통령 후보로서의 이미지를 부각하기 위해 정치적 수사로 과도하게 표현했다고 평가하는 기사가 줄을 이었다. 대통령 임기 후반부에 공직사회 레임덕 조짐을 차단하려는 의도에서 과장된 표현을 했다는 반응도 있었다.

기재부의 나라가 아님을 똑똑히 알라는 말이 오히려 다른 진실로 우리를 인도했다. 본래 의미는 대통령을 비롯하여 국민으로부터 선출된 권력이 중심이고 정부 부처와 전문 관료는 결정에 따른다는 의미였다. 그런데 여기에는 의도와는 반대의 진실이 담겨 있었다. 강조하고자 했던 바와 달리 '이 나라는 관료들의 나라다'라는 점을 드러내는 순간이었다. 선출직 정치인들을 관료라는 바다 위에 떠 있는 부표로 보는 게 더 정확할지 모른다. 부표는 바닷물이 움직이는 대로 출렁거린다. 대통령이든 국회의원이든 사오 년 한 번 선거를 통해 자리에 오른다. 특히 한국 대통령은 단임제이기 때문에 오 년 후에는 물러날 사람이다. 정치인들이 정책 결정을 하고 관료들이 따르는 것 아니냐고 할지 모르겠다. 하지만 대부분의 경우 관료들은 올린 두어 개의 정책 대안 중 하나를 선택한다.

한국에서만 고유하게 나타나는 상황이 아니다. 또한 독재 체제나 권위주의 통치 아래에서의 특수한 양상도 아니다. 전문 관료의 지배는 현대 국가에서 일반적으로 나타나는 특징이다. 미국과 유럽처럼 민주주의 제도가 고도로 발달한 국가에서도 비슷하게 나타난다. 선출된 정치인들이 화려한 스포트라이트를 받지만, 실질적으로 국가를 움직이는 힘은 은밀하게 움직이는 관료집단에서 나온다.

권력의 중심에 전문 관료집단이 있다

이미 20세기 중반에 미국 사회학자 라이트 밀스^{Wright Mills}는 《파워 엘리트》에서 은밀하면서도 실질적인 권력으로서의 관료집단을 분석했다.

"그들은 국가 정치기구를 이끌며 특권을 요구한다. 군 조직을 지휘한다. 사회구조의 전략적인 지휘부를 차지하고 있다. (중략) 시대 상황이 맞물리면서 파워 엘리트가 부상하도록 만들었다. (중략) 사람들이 생각하는 것보다 훨씬 더 통합되고 훨씬 더 막강하다. (중략) 권위는 형식상 '국민'에게 있다. 그러나 발의의 권한은 사실상 작은 집단에 있다. 조작의 표준적인 전략은 큰 집단의 사람들이 스스로 '결정을 내리는' 것처럼 보이도록 꾸민다."

밀스에 의하면 정보와 권력의 수단이 중앙으로 집중됨에 따라 관료들의 지위와 영향도 커진다. 관료는 정치기구와 군 조직 등을 통해 경제·행정·안보 면에서 국민에게 큰 영향을 주는 위치에 있다. 게다가 관료는 흩어진 개인이 아니다. 관료의 이익이 모이면 막강한 힘을 발휘한다. 한국에서 기재부는 '모피아'로 통한다. 기재부의 영문 약자인 'MOF'와 '마피아'의 합성어다. 기재부 관료들이 정계·금융계 산하기관까지 장악하면서 거대한 세력을 구축했고, 마피아처럼 일사불란하게 움직이며 힘을 발휘하기에 붙여진 표현이다. 원자력발전소 관련 업무에서는 '원전 마피아'라는 말이 상식처럼 통한다. 특정 인맥이 전문 지식을 무기 삼아 원자력과 관련된 각 기관을 지배하며 패거리 문화를 만들었기 때문이다. 그러한 의미에서 개인으로서의 관료보다 전문 '관료집단'이라는 표현이 더 적합하다.

《파워 엘리트》의 표지, 1956.

'시대 상황'이란 거대 국가의 출현을 뜻한다. 수천만 명이 넘는 구성원을 가진 국가 체제가 만들어졌다. 필연적으로 권력기구는 확대되고 중앙으로 집중되는 피라미드 구조를 갖는다. 관료들이 수직적인 피라미드의 각 층을 채운다. 규모가 큰 만큼 연결망은 거미줄처럼 촘촘하다. 업무가 세분화되고 전문화되면서 일을 구체적으로 파악하는 데만 몇 년이 걸린다. 관련 업무를 장기간 일상적으로 처리하는 관료가 아닌 한, 일을 장악하는 것은 불가능에 가깝다.

정책 결정도 긴밀하게 연결된다. 정부 정책은 막연한 구상이나 추상적 이론이 아니기에 관료가 실행과정을 사전에 검토하지 않고는 입안 자체가 곤란하다. 실질적인 '발의의 권한'은 관료라는 '작은 집단'에 있다. 멀리서 보면 선출직 책임자와 대의기관을 통해 국민이 결

수다의 인문학

정한 듯 보이지만 실제로는 관료의 의사가 가장 크게 반영된다. 결국 민주주의 형식이란 '조작의 표준적인 전략'에 의해 움직이는 틀이 되어버린다. 문제는 민주주의 제도가 발전한다고 해서 전문 관료의 힘이 줄어드는 게 아니라는 점이다. 이탈리아 정치학자 노르베르토 보비오Norberto Bobbio가 《자유주의와 민주주의》에서 지적한 다음 내용은 현실에서 거의 그대로 나타난다.

"장애물로 나타난 것은 관료 규모의 지속적인 증가다. (중략) 민주국가와 관료국가는 매우 날카롭게 대조적이라는 생각과는 달리 이 둘은 역사적으로 훨씬 긴밀한 상호 연관성을 지녀왔다. 보다 민주주의적으로 변해간 모든 국가는 동시에 관료주의적으로 되어갔다."

지난 한 세기 동안 대부분의 민주국가에서 관료기구는 지속적으로 팽창했다. 민주국가에서 요구되는 복지의 확대도 관료기구가 확대되는 방향으로 작용한다. 고용보장제도, 노후연금제도, 의료보험제도, 공공주택제도, 출산과 육아 관련 제도 등은 복지 확대를 위해 필수적이다. 이 모든 기능은 관료조직 확대를 동반한다. 관련된 정책을 결정하는 과정에서 전문 관료의 영향력도 커진다. 그들은 주로 누구의 이해를 대변하는가? 당연히 경제적 관계가 가장 크게 작용한다. 현재의 이익은 물론이고, 퇴직 후 거액의 연봉을 보장해주는 기업의 영향이 다른 무엇보다도 강하게 작용한다.

그러므로 "기재부 나라냐?"는 불쑥 튀어나온 정치적인 수사나 과장된 표현으로 넘길 만한 질문이 아니다. 한국 정치, 나아가 현대 민주주의가 맞닥뜨린 현실을 냉정하게 진단하고 대안을 모색하는 계기로 삼을 필요가 있다. 보비오는 "관료기구에 대한 민주화의 길이 열리지 않는다면 민주화 과정은 종결되었다고 말해질 수 없다"라고 단언한다. 해결 방향은 어느 정도 가늠할 수 있다. 전문 관료의 힘은 수직적인 거대한 피라미드 관료조직으로부터 생겨나기에, 엄격하게 위계화된 절차주의를 약화시키는 방향에서 해결책을 찾을 수 있다. 이를 위한 가장 유력한 길이 분권과 자치의 확대다. 관료제의 동력인 비밀주의를 약화시키는 방향도 필요하다. 정보공개를 크게 확대하고 일상적으로 제도화하는 길 말이다.

너는 진보*야, 보수*야?

진보·보수·중도

정치 이념을 구분하는 가장 흔한 잣대가 '진보'와 '보수'다. 정치를 주제로 대화할 때 언쟁이 벌어지는 것도 대부분 이 구분에서 비롯된다. 처음에는 논란이 되는 정책의 찬반, 혹은 선거 시 후보 선택을 놓고 부딪힌다. 언쟁이 이어질수록 이것은 개별적인 일에 대한 판단 차이가 아니라 세상을 바라보는 관점 차이라는 생각이 든다. 그럴 때면 "너 진보야, 보수야?"라는 질문이 툭 튀어나온다.

언론기관에서 후보·정당 지지를 조사할 때도 진보·보수·중도 중 어디에 속한다고 생각하느냐는 질문이 꼭 포함된다. 이때 가장 많이 나오는 답이 '중도'다. 오랜 이념 갈등을 겪은 한국에서 자신의 정치

성향을 드러내길 꺼리는 경향이 짙기 때문이다. 여론조사 방법에 따른 응답 차이도 이를 반영한다. 조사원이 직접 전화로 물으면 망설이고, 녹음된 자동응답에서는 조금 더 적극적으로 답한다. 밝히기를 주저하는 분위기에서도 차이는 있다. 보수는 더 자신 있게 말한다. 진보는 머뭇거리는 경향이 조금 더 강하다. 이 역시 역사적인 경험에서 비롯된 반응이다. 수십 년에 이르는 군사독재 세력이 보수 혹은 우파였기 때문이다. 독재의 이념적 근거를 진보나 좌파의 척결에서 찾았다. 민주화운동도 이를 명분으로 탄압했다. 보수는 체제로부터 보호받고 있다는 믿음이 있어서 자랑하듯 정체성을 드러냈다. 이에 비해 오랜 억압 속에서 불이익을 감수해야 했던 진보는 정체성을 밝히는 걸 꺼렸다. 그런데 사실 진보와 보수의 차이를 정확히 알고 묻거나 대답하는 사람이 그리 많은 편은 아니다. 보수는 말 그대로 기존 사회의 가치·체계·질서 유지로 이해한다. 반대로 진보는 기존 질서를 개혁하는 변화에 적극적인 입장이다. 그래서 현실 문제에 개혁적 태도를 보이면 그냥 진보로 규정해버린다.

　유럽은 프랑스대혁명 이래 현재에 이르기까지 이백 년이 넘는 세월에 걸쳐 이념 논쟁을 겪었다. 오랜 갈등과 논쟁을 통해 나름대로 좌파와 우파를 구분하는 기준을 갖게 되었다. 하지만 한국은 공정한 경쟁을 거쳤다기보다 진보를 일방적으로 탄압하는 방식으로 흘러왔기 때문에 그 기준에 대해 진지하게 고민할 기회가 적었다. 그 결과 정치이념과 별 상관이 없는 경우에도 생각이 다르면 상대를 진보나 보수로 규정하는 상황도 벌어진다. 정치를 직업으로 삼는 이들이 모인 정당에서도 혼란이 적지 않다. 보수 정당 내에서도 생각이 다른 일부 세력을 진보로 몰아붙인다. 사회운동과 관련해서는 더 심하다. 노동조합운동·환경운동·여성운동 전체를 진보로 규정하는 일이 흔하다. 하지만 유럽에서 광범위하게 나타나듯이 노동조합 세력도 좌파와 우파로 갈린다. 마찬가지로 보수 정치 세력과 이념을 함께하는 여성운동과 환경운동도 얼마든지 있다. 언론도 비슷하다. '진보 언론'이라고 불리지만, 실제로는 지극히 보수적인 기사로 가득한 경우도 있다.

진보와 보수는 유동적이고 상대적인 개념

진보와 보수의 의미에 대한 혼란스러운 이해는 한편으로 개인의 지적인 게으름 때문에, 다른 한편으로 사회적인 상황 변화 때문에 초래된 것이라고 생각한다. 이에 상식적으로 통하는 기준도 현실 변화나 왜곡 때문에 들어맞지 않는 경우가 생겨난다. 일반적으로 진보는 평등의 가치관, 보수는 자유의 가치관을 중시한다고 알려져 있다. 하지만 진보는 평등을 우선하기에 분배와 복지정책을 지지하고, 보수는 이를 반대한다는 상식이 언제나 통하는 것은 아니다.

유럽에서 20세기 중반까지는 그러한 통념적 구분이 각 나라의 현실과 어느 정도 일치하는 면이 있었다. 제2차 세계대전 이후 유럽의 주요 국가에서 점차 복지 확대를 주장하는 좌파 정당들이 대중적 지지를 얻어 급속히 의석을 확대했다. 이에 전통적으로 시장에 대한 정부의 개입과 복지 확대를 반대했던 우파 보수 정당에 위기의식이 커졌다. 예를 들어 처칠을 중심으로 가장 완고한 우파 정책을 유지하던 영국의 보수당조차 큰 변화 없이는 위기에서 벗어나지 못하리라 여겼다. 이미 노동당이 의석을 다수 차지했고, 애틀리 노동당 정부가 들어선 상황이었다. 나아가 노동당 정부가 제공하는 복지국가 혜택에 호응하는 층이 늘어나면서 보수당이 앞으로 오랜 기간 집권하지 못할 것이라는 회의적이고 절망적 분위기가 만연했다. 보수당 개혁파 의원들은 우파도 이제 사회변화에 적응해야 한다고 주장했다. 시장에 대한 정부의 적극적인 개입과 복지국가 정책 수용을 요구했고, 보수당 중앙위원회와 당수인 처칠도 이를 반대하지 않았다. 나아가 국민 의료보험과 철도·석탄·가스 등 주요 기간산업의 공기업화 정책도 받아들였다. 결국 다음 선거에서 의미 있는 승리를 거머쥐었다.

이후 노동당과 보수당이 상당 기간 번갈아 집권했는데, 복지국가의 정책 자체에 대한 찬반이 핵심 논란이 되지는 않았다. 영국뿐 아니라 유럽 여러 나라에서 흔히 나타난 현상이다. 좌파와 우파 경향의 정부가 비교적 고르게 공존한다. 시기에 따라 일정한 변화가 생기고, 특정 시기에는 한쪽이 더 많은 분포를 보이기도 하지만 대체로 붉은 색과 푸른색이 섞여 있었다.

1979년에 보수당의 마거릿 대처가 총리가 되고 신자유주의 정책이 맹위를 떨치면서 사정이 완전히 달라진 게 아니냐고 할지 모르겠다. 많은 한국인은 그가 강력한 신자유주의 정책을 추진하면서 복지국가 정책을 폐기했다고 알고 있지만, 실제와는 상당한 거리가 있다. 그가 유럽에서 가장 과격하게 복지 축소 정책을 편 것은 맞지만 부분적으로 조정한 것이라고 봐야 한다. 유럽의 대다수 국가의 사회복지비 지출은 GDP 대비 약 25~30% 정도다. 신자유주의의 영향을 받는 보수당 정부가 들어섰을 때 2~4% 정도 축소한 수준이었지, 복지정책을 폐기한 것은 아니었다. 지금도 유럽연합의 GDP 대비 사회복지비 지출은 평균 약 28%에 이른다. 약 10%에서 좀처럼 변화를 보이지 않는 한국보다 거의 세 배나 많다.

여전히 좌파 정부가 우파 정부보다 사회복지비 지출 증대에 적극적인 면이 있는 것은 사실이다. 하지만 약간의 양적 차이지, 현격한 질적 차이라고 보기는 어렵다. 그러므로 유럽에서 복지국가 정책의 지지 여부로 좌파와 우파를 나누는 것은 그리 큰 의미가 없다. 대다수 한국인이 생각하는 좌파와 우파의 정의만로는 설명하기 어려운 게 현실이다. 유럽의 상당수 우파 정당이 한국에서 활동한다면 아마 십중팔구 좌파라는 소리를 들을 것이다.

한국에서도 우리가 통념적으로 생각하는 보수 개념과 실제 정책이 지극히 상반된 방향으로 나타나곤 한다. 보수는 자유의 가치관을 중시한다고 생각하지만, 경제와 정치에서 반대 양상을 보인다. 경제 영역에서는 시장에 자유를 맡겨야 한다는 말을 되풀이하고, 실제로 정권을 잡으면 기업의 자유를 크게 확대한다. 우리가 알고 있는 보수라면 경제뿐 아니라 정치와 사회 영역에서도 정부의 개입을 축소하고 개인의 자유를 최대한 확대하는 쪽으로 정책을 펴야 한다. 하지만 해방 이후 현재에 이르기까지 한국 보수의 현실은 정반대로 흘러

왔다. 정치 활동의 자유, 표현의 자유, 언론의 자유 등 개인이 누려야 할 자유를 탄압하고 축소했다. 현재의 보수 세력도 정도의 차이만 있을 뿐 큰 틀에서는 여전하다.

진보와 보수를 가르는 기준이 있는가?

진보와 보수, 좌파와 우파는 유동적이고 상대적인 개념이다. 그런데도 많은 사람이 자신이 알고 있는 보수와 진보를 절대 기준으로 여긴다. 수십 년 전의 낡은 잣대를 현재의 한국과 해당 주제에 그대로 적용한다. 이에 기초하여 상대를 매도하고 자기의 경직된 관념을 강요한다. 한국에서 진보와 보수는 사회적 쟁점이 있을 때마다 첨예하게 충돌한다. 정치 세력만이 아니라 대중도 촛불과 태극기를 자신을 대표하는 상징으로 삼아 갈등의 전면에 나선다.

갈등을 줄여야 한다거나 진보·보수라는 정치 이념이 불필요하다는 지적이 전혀 아니다. 상당수 언론과 평론가가 갈등 자체를 부정적으로 묘사하지만, 반대로 갈등은 사회를 한 발 나아가게 만드는 동력이다. 부조리와 억압이 있음에도 침묵하거나 덮어둔다면 오히려 사회는 후퇴한다. 의회의 논의를 통해 문제가 해결되지 않는다면 국민이 직접 나서서 발언하고 행동할 때, 다시 말해 갈등이 격화될 때 낡은 문제를 해결하고 앞으로 나아갈 수 있다. 또한 진보와 보수 구분도 부정적으로 볼 이유가 전혀 없다. 세계를 체계적으로 분석하고 큰 줄기를 만들어나가기 위한 이념을 갖춰야 비로소 자기 삶의 주체, 사회

변화의 주체가 된다. 문제는 각 가치가 의미하는 내용에 대한 이해 없이, 변화하는 사회를 반영하며 내용과 형식을 혁신하는 노력 없이 서로에 대한 딱지 붙이기에 몰두한다는 데 있다.

개념은 역사적으로 형성된다. 진보 개념도 마찬가지다. 지난 수십 년간 한국 사회운동의 역사 속에서 진보 개념이 만들어져 왔다. 사실 현실의 진보가 특정하고 구체적인 체제 이념을 대표하고 있지 않기에 막연하기는 하다. 어떻게 보면 이쪽과 저쪽을 구분하는 의미로 주로 사용되어왔다. 나는 이 개념에 대해 특별히 거부감을 가질 이유가 없다고 본다. 오히려 어느 정도 유용성도 있다. 설사 보수 정당 내 일부가 약간의 개혁 태도를 지녀 자신을 진보로 표명한다 해도 문제가 될 게 없다. 오히려 반겨야 할 일이다. 언어에는 주도권이 있다. 민주주의라는 말도 마찬가지다. 유럽에서 민주주의라는 개념이 어떻게 시작되었는지와 무관하게 독재 세력은 자신을 이 말로 포장한다. 보수 세력의 가치와 공유하는 게 너무 많다는 이유로 진보라는 말이 적절하지 않다고 여긴다면, 민주주의라는 개념은 아예 불순물 덩어리가 되어버린다. 오히려 보수 진영 내에서 진보라는 말이 더욱 빈번하게 나온다면 반길 일이다. 그만큼 보수라는 이름으로 공유되던 가치를 스스로 폭로하는 계기가 되면서 대중적으로 이에 대해 반감을 갖는 일이 확산될 것이기 때문이다.

그러므로 진보와 보수 개념을 고정적인 그 무엇으로 볼 필요는 없다. 이를 위한 정교한 이론 체계를 세우고 그 안에 대단한 내용을 채워야 한다는 강박관념을 가질 필요도 없다. 역동적으로 살아 움직

이는 현실을 반영하여 유동적이고 상대적인 개념으로 이해하고 사회
변화에 유익한 방향으로 활용하면 된다. 이를 위해서는 비록 소략하
더라도 한국의 역사적 상황과 조건에 맞는 진보와 보수 구분을 가늠
하는 작업이 필요하다.

정치 영역에서의 구분부터 살펴보자. 앞에서 언급했듯이 한국에
서는 자유가 곧바로 보수의 가치로 이어지지는 않는다. 유럽에서는
전통적으로 보수가 강조했던, 정치 활동·문화예술·언론 등 개인의 자
유가 한국에서는 진보의 주요 가치에 속한다. 나아가 다음 주제에 대
한 지지와 반대도 둘을 가르는 기준이 된다. 아무런 제한 없는 사상의
자유, 이를 대변할 정당 결성의 자유, 그리고 전제조건이 되는 국가보
안법 폐지 등이다. 국가주의에 맞선 관료제 개혁, 중앙과 지방의 분
권, 주민투표의 확대도 있다. 대의제 민주주의를 보완하기 위해 국회
의원의 자격을 국민이 언제든 정지시킬 수 있는 국민소환제, 국민이
일정 수를 갖추면 직접 국회에 의안을 제출할 수 있는 국민발안제도
포함된다.

경제 영역에서의 구분도 중요하다. 재벌총수의 문어발 경영을
제한하는 재벌개혁, 노동자 경영 참여에 대한 찬성과 반대가 진보와
보수를 나누는 주요 기준이 된다. 세금 정책도 빠질 수 없는데, 과세
의 누진성 강화, 주식 투자에 의한 고액의 소득자에게 부과하는 자본
이득세 등이 해당한다. 한국에서 보수 정권이 들어설 때마다 계속 논
란이 되는 전기·수도·가스·철도 등 주요 기간산업의 민영화 반대도
있다. 법정 노동시간을 OECD 평균으로 축소하는 일은 여전히 핵심

수다의 인문학

이다. 나아가 부동산 투기로 몸살을 앓는 한국에서 토지 공개념에 입각한 부동산 정책은 앞으로 오랜 기간 진보와 보수를 가르는 기준 역할을 할 것이다.

마지막으로 사회 영역에서도 구분이 필요하다. 노동 분야에서 공무원노조 인정과 공무원 정치 활동의 자유 보장에 대한 찬성과 반대가 진보와 보수의 기준이 된다. 가족과 성 분야에서는 동성애·성전환자 등 다양한 성 정체성과 가족 형태 인정, 출산과 육아의 공공성 확대를 빼놓을 수 없다. 환경 분야는 탈원전 정책의 지속적 추진, 대안 에너지 육성이 여전히 주요 잣대다. 의료 분야에서는 의료보험의 OECD 평균 수준의 국가 책임 강화와 무상의료 확대, 병원의 공공성 강화가 포함된다. 민족과 인종에 대한 태도에서는 다문화주의 옹호와 외국인 노동자와 다문화 가정 보호가 해당한다.

인간은 어떤 세계관과 인생관을 갖고 있느냐에 따라 각기 다르게 선택하고 행동한다. 그러므로 진보와 보수 가운데 어떤 이념을 갖는가는 세상과 자신에 대한 비전을 만드는 핵심 기준이다. 이토록 중요한 문제를 막연한 통념에 맡겨둘 수는 없는 노릇이다. 잡담의 소재에 머물면 억지 논리만 이어질 뿐이다. 정체성을 찾는 중요한 한 부분이라는 점에서 한 발 더 들어가서 고민하는 시간을 가질 필요가 있다.

수다의 인문학

아주 사소한 이야기 속 사유들

ⓒ 박홍순 2022

발행일 초판 1쇄 2022년 11월 25일

지은이 박홍순

편집 윤현아

디자인 이진미

펴낸이 김경미

펴낸곳 숨쉬는책공장

등록번호 제2018-000085호

주소 서울시 은평구 갈현로25길 5-10 A동 201호(03324)

전화 070-8833-3170 **팩스** 02-3144-3109

전자우편 sumbook2014@gmail.com

홈페이지 https://soombook.modoo.at

페이스북 /soombook2014 **트위터** @soombook **인스타그램** @soombook2014

값 15,500원원 | ISBN 979-11-86452-85-1